アクティブな授業をつくる
新しい知的生産技術

企画・監修 　向山洋一・谷和樹
著　太田政男

I 京大式やKJ法を超える！
TOSS式T・T法で生まれた教師の知的生産技術 …… 5

1 TOSSメモは他のツールと比べてどこが優れているのか？　6
2 他のツールと比べるとよくわかる！ TOSSメモの利点　7
3 準備ゼロ！ 教育現場でこそ威力を発揮するTOSSメモ　9
4 TOSSメモのユースウェアは向山型仕事術そのものである　15
5 向山氏の知的生産術から生まれたTOSS式T・T法　17
6 「TOSSメモさくら」を使った「教師の論文執筆術」　21
7 TOSSメモを使わないからわかった「3つの不安」　27
8 ベストセラー『思考の整理学』から生まれた
　「TOSS式知的生産ノート」　29

II 「気になるあの子」を成長させる！
TOSSメモ活用の特別支援 …… 55

1 自分の力量を超えた子との格闘から生まれた
　TOSSメモ活用対応術　56
2 「不登校傾向の子」の不安を解消した
　TOSSメモ活用対応術　66

目次

III 子ども調べ学習の革命！「TOSSメモ調べ学習」
TOSSメモ活用で生まれる新たな教育実践（社会科編）……… 75

1. できない子ができるようになる！ キーワードは「収集」と「整理」 76
2. 子ども調べ学習の革命！ TOSSメモ調べ学習 77
3. 「TOSSメモ学習システム」を提案する 81
4. OECDの調査から考えるTOSSメモの可能性 94
5. アクティブ・ラーニングの視点で分析する向山実践「工業地域の分布」 96
6. 『思考の整理学』の視点で分析する向山実践「工業地域の分布」 104
7. 人物中心の学習を補う「TOSSメモ歴史授業」 113
8. さらに進化した「TOSSメモ歴史授業」 116

IV どの子も書ける！「TOSSメモ作文」
TOSSメモ活用で生まれる新たな教育実践（国語編）……… 123

1. どの子もらくらく書けたTOSSメモ作文「夏休みの出来事」 124
2. 向山実践「物語の冒頭を読む」を追試する！ 127
3. TOSSメモとマッキンゼー式ロジカルシンキング 140
4. 4つの視点から考える作文指導 144
5. TOSSメモ手紙作文 155
6. TOSSメモ・TOSSノート活用の国語自己学習システム 161
7. TOSSメモ3枚で全員が1分以上のスピーチ 169
8. 簡単・きれい！ TOSSメモ活用のリーフレット作り 171
9. 知的生産の技術を体感させる！ TOSSメモ活用の「スクラップ新聞」作り 178

わずか2時間で完成！「わくわくずかんクイズ」他

TOSSメモ活用で生まれる新たな教育実践（その他編） ……… 183

1 わずか2時間で完成！「わくわくずかんクイズ」　184
2 TOSSメモを活用した『わたしたちの道徳』の授業　190

あとがき ……………………………………………………………194

京大式やKJ法を超える！

TOSS式T・T法で生まれた教師の知的生産技術

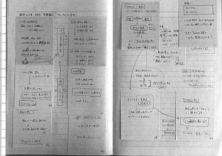

1　TOSSメモは他のツールと比べてどこが優れているのか？

TOSSメモは、ただのメモ帳ではない。次の4つの特徴をもつメモ帳である。

> ①　ミシン目があり、1枚ずつ切り離すことができる。
> ②　1枚1枚に「のり」がついていて、はったりはがしたりが可能である。
> ③　用紙には薄い方眼が入っている。
> ④　ハードカバーがついている。

なぜこのような作りになっているのだろうか。
このTOSSメモを世に送り出した向山洋一氏は、次のように書いている。

>　最近、「TOSSメモ」が、開発された。単なるメモではない。「のり」がついているのだ。この「のり」は高級であり「使用料」が高い。しかも、特別のつくりなので、製本代も高いのです。それでも、知的生産には必要だということで採用した。
>　　　　　　　　　　　　　　　　　（『教育トークライン』2013年7月号　p.6）

TOSSメモは「知的生産のツール」なのである。
向山氏はその特徴を6つにまとめている。TOSSメモを語る上で非常に重要なポイントなので、そのまま引用する。

>　TOSSメモは、知的生産のツールであることを整理しておきます。
> ①　それは、その場ですぐに使えます。即時性をもっています。
> ②　思いついたことは時間がたつと忘れます。夜中に思いついたことも朝起きると思い出せません。
>　みなさん、経験あるでしょ。つまり、TOSSメモは、ワーキングメモリの代用をしているのです。瞬間で覚え、すぐに忘れてしまうワーキングメモリ。忘れたことの中には、大切なことがあったのです。その代用をしているのです。
> ③　京大式カードあるいは付箋などでは、なくしてしまう可能性が大です。紛失してしまうのです。TOSSメモはのりがあることにより、安全に保存することができます。
> ④　そして、TOSSメモをTOSSノートなどに貼り付け、整理することが可能です。私は、TOSSノートにTOSSメモを貼っている先生をたくさん知っています。

京大式やKJ法を超える！
TOSS式T・T法で生まれた教師の知的生産技術

⑤　そして、TOSSメモは後になって貼り替えることが可能です。同じような内容に統一して貼れるわけです。この入れ替え可能という機能は、知的生産にはきわめて大切なのです。

⑥　そして、TOSSメモを貼ったノートが何冊かたまった時、ひとつの大きなテーマに大変換することが可能です。それが研究論文になり、雑誌原稿になり、著書になっていくのです。

(前掲書 p.7-8)

これをキーワードでまとめると次のようになる。

①即時性　　②ワーキングメモリの代用　　③保存　　④貼り付け・整理
⑤貼り替え　　⑥大変換

これがTOSSメモ実践を貫くキーワードになる。

2　他のツールと比べるとよくわかる！ TOSSメモの利点

TOSSメモの利点は、他のツールと比較してみることで浮き上がってくる。

(1) TOSSメモとパソコンの比較

まずは、TOSSメモと《パソコン》である。

私の場合、パソコンで実践を記録することが多かった。パソコンでまとめておけば、後で原稿にすぐに使えるという理由もあった。

しかし、まとめて書くので細部が思い出せなかったり、些細なこと（でも大事なこと）を忘れてしまったりすることが多かった。「①即時性」「②ワーキングメモリの代用」の面でTOSSメモに劣るのである。

パソコンに保存しておくと検索でき、コピー＆ペーストで組み合わせることもできる。その代表的なアプリケーションはEvernoteだろう。これを使えば、「③保存」「④貼り付け・整理」「⑤貼り替え」は満たすことができる。

しかし、TOSSメモのように直感的な操作はで

きない。

　Evernoteがいくら優れていても、TOSSノートにTOSSメモを配置するようにパソコン上に自由に探し出した資料を並べることは難しい。
　もう1つ大きな違いを挙げるとしたら「自由度」である。パソコンはきれいにできるが時間がかかる。TOSSメモは手書きなので時間はかからない。しかも、文字でも図でも「自由に」「即座に」配置できる。これはTOSSメモの大きなアドバンテージである。

(2) TOSSメモとノートの比較

　次に《ノート》と比較してみる。
　ノートの最大の問題点は、記録が「時系列」であることだ。「⑤貼り替える」ことができないのである。これが大きく異なる。したがって、後から書き写したり、コピーして貼るような別の作業が必要になってくる。
　高校生の頃、《ルーズリーフ》を使っていた。「時系列」を脱出できるアイテムだが、今度は「③保存」の面で不安が出てくる。
　また、ルーズリーフは1枚あたりの情報量が多いので、「④貼り付け・整理」や「⑤貼り替え」などの作業が難しい。一目で「俯瞰」することができないのである。
　どんなツールでも言えることだが、一見、便利に見えるルーズリーフにも一長一短がある。

(3) TOSSメモと付箋紙の比較

　《付箋紙》とも比較してみよう。
　向山氏も書いているように、「③保存性」という面で不安が残る。
　また、TOSSメモは前のメモが残ったままでも書きやすいが、付箋紙だとそうはいかない。前のメモを一度はがしてどこかに貼っておく必要がある。「①即時性」に影響を及ぼしかねない。
　たまたま先日、プライベートで付箋紙を使うことがあった。本当にメモするだけだったので「付箋紙でいいか」と思ったのである。メモは10枚近くに及んだ。書いてはめくり、机の端っこに貼る。これを何度も繰り返した。さて、いざこの付箋紙を持ち運ぼうと思って迷った。汚く重なった付箋紙をどうしようかと。
　ここまで来てわかった。付箋紙はメモを取って、「即座に貼る」なら適している。しかし、「一時保存」して持ち歩くことは考えられていないのである。「一時保存」するためには別の何か（ノート等）が必要なのである。
　それに対してTOSSメモは、TOSSメモ単体で「一時保存」が可能だ。

だから、TOSSメモは社会科見学の場面などで威力を最大限に発揮するのである。

⑷ TOSSメモと他のツールを比較して見えてきたキーワード

あれこれ書きながら考えた私なりのキーワードである。

> 「自由度」「時系列」「俯瞰」（でもメモする時は「蟻の目」にもなれる）そして「一時保存」

これらを兼ね備えたのがTOSSメモなのである。

3 準備ゼロ！ 教育現場でこそ威力を発揮するTOSSメモ

⑴ トラブル発生！　そんな時こそTOSSメモの出番

　TOSSメモは教育現場でこそ役立つツールである。教育現場にはたくさんの子どもが存在する。子ども同士だから、ケンカなどのトラブルも起きて当たり前である。そうした1つ1つに対応するとき、TOSSメモは非常に役立つツールになる。
　その理由は次の5つのキーワードで説明できる。

> ① 【即時性】
> 　トラブルがあればその場でメモを取り出し、事情を聞きながら記録する。
> ② 【ワーキングメモリの代用】
> 　トラブルの時、その場で書くから忘れない。メモを見れば後からでも詳細に思い出せる。
> ③ 【保存、貼り付け、整理】
> 　TOSSメモは夕方、TOSSノートに貼り付ける。基本的には時系列に貼っていくだけ。
> ④ 【即時性の復活】
> 　これで次の日はまた新しいページが先頭に来るのでさっと取り出してすぐに書ける。
> ⑤ 【貼り替える】
> 　この貼り替えが知的生産の重要ポイントである。貼り替えるからTOSSメモの価値が何倍にもなる。トラブルの記録を眺めながら似たようなメモを探す。それを別のノートに貼り替えていき、その最中に頭に思い浮かんだことを余白にメモする。

実際に、このようにTOSSメモを使っていくと思いがけない効果があった。

(2) その場主義の仕事で時間短縮

　トラブルがあると私はすぐにTOSSメモを持ってその場に向かう。
　そして、当事者の子どもたちに聞き取りをしながらTOSSメモに書いていく。

> 本当にTOSSメモでないといけないのか？

　私がやっている「対応」そのものは、TOSSメモである必要がない。
　しかし、次のことは確実に言える。

> TOSSメモを使うと「後」が違う。

　書いたTOSSメモは切り取り、ノートでも手帳でも好きなところに貼り付けることができる。もちろん、切り取らずに保管しておくことも可能だ。
　TOSSメモは何度でも貼り替えられる。通知表作成時やケース会議など、あとで必要になった時に似たような記録を集めれば、1つのまとまった分析ができるはずである。

> 何をTOSSメモに記録しておけば良いのか。

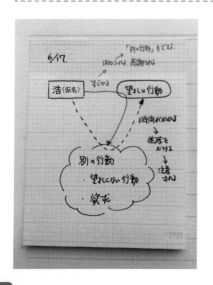

　TOSSメモを生徒指導に活用していると話すと、このような質問をよく受ける。
　私が以前、担任していた子に浩（仮名）という男の子がいた。
　この子とはたった1日だけでもメモを6枚書いた。左図のようなメモである。つまり、それだけ浩の動きが気になったということである。
　トラブルがある度に、浩と話をしながらTOSSメモにあれこれと書いていった。整理すると次の3つになる。

京大式やKJ法を超える！
TOSS式T・T法で生まれた教師の知的生産技術

> ① トラブルの記録（子どもからの聞き取り）
> ② それに対する指導（話しながらTOTOSSメモに書く）
> ③ どうすれば良かったか（今後の方針）

この3つを、トラブル処理をしながら同時進行でTOSSメモに記録していくのである。

> 特別に必要な時間はゼロである。

「指導の評価」もすぐにできる。素材となる「指導した内容」はすでにメモに書かれており、それを取り出してきてノートに貼り付ければ8割は済む。

あとは、気付いたことや考えたことを書き込むだけだ。実質15分程度で終わる。

⑶ え！　こんなに早く書き終えられるの⁉　向山型所見記入法

向山氏は「学期末に通信簿を書くのはぜんぜん楽だった」と言っている。
どれくらいの時間でできたのか。

> 学期末、「これから、通信簿書いてくるね。」なんて言って、2～3時間で終了。
> （『授業の原理原則トークライン』No.59 p.5）

同僚が「1週間もかけて書いている」というのだから、驚くべき速さである。
しかも、向山氏の所見は極めて具体的であり、「向山氏は、何でこんなステキな所見を書けるのか」と親に感謝されるという。
なぜ、このようなことが可能だったのか。
向山式所見記入法が前掲書に紹介されているので、抜粋してまとめる。

> ① 子どもを見ながらその場で書く。
> ② 全員分を書かなくてよい。3分の1でいい。
> ③ 文章で完結させておく。

これらを「閻魔帳」に書いていくのだが、その書き方も重要である。

> ④ 縦に名前を書く。

| ⑤ 左側を男の子用、右側を女の子用にする。 |
| ⑥ めくらなくてもすむように一面に収める。 |

　向山氏の「その場主義」の仕事術は、通知表の記入でも貫かれているのである。

⑷ **TOSSメモがあれば通知表だけでなく、個人懇談も楽になる**

　私の勤務する島根県では、「教育記録」というA4サイズの手帳のようなものが配布される。この1冊で時数集計や年間計画、テスト結果の記録、所見メモなど大体のことができる。
　オールインワンの便利な手帳だが、便利であるがゆえの不便さもあった。

| ① いつも持ち歩くには大きすぎる。 |
| ② 厚いので目的のページを開くのに時間がかかる。 |

　この2つの欠点をTOSSメモは補ってくれる。

| ① TOSSメモは、手のひらサイズなのでいつでも持ち歩ける。 |
| ② TOSSメモは、取り出してすぐに書き始められる。 |

　「あっ」と思った時にすぐにメモできるのである。付箋でも良さそうなものだが、付箋は1枚書いたらすぐにどこかに貼っておかなければならない。
　TOSSメモはマイクロミシン目があるので、貼らなくても無くなる心配がない。
　また、手帳やノートと比べても大きな利点がある。

| ③ 後で自由に貼り替えられる。 |

　時系列で記入し、後から1枚ずつ切り離して自由に整理できる。どんどん書いていくだけだ。その子の名前を探さなくても良い。微差も積み重なれば大差になる。
　TOSSメモには最低限、次のことが書いてあれば良い。

| ① 日付 |
| ② 子どもの名前 |
| ③ 子どもの事実 |

京大式やKJ法を超える！
TOSS式T・T法で生まれた教師の知的生産技術

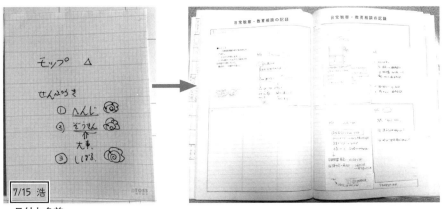

日付と名前

　私は1日の終わりにTOSSメモから切り離して、教育記録やノートの該当ページに貼っていくのを日課にしていた。

⑸ 学級懇談や個人懇談でも役立つTOSSメモ

　このようにメモしておくと、学級懇談会や個人懇談でも役立つ。

> 　子どもたちのことを極めて具体的に話すことができる。

　参観日の後の隙間時間を使って話すときにも役立った。

> ①　その子に関するTOSSメモを取り出し、保護者に見せながら話す。

　「こんなことがあって、こんなふうに○○さんと話をしたんです。」と端的に説明できる。話し下手の私には何とも有り難かった。

> ②　複数のメモがあれば、変化も見せられる。

　気になる子のことを伝えるのだから、どうしてもマイナスのことを伝えざるを得ない。
　しかし、少しでも良くなったことも伝えたい。その時に効果的なのが「複数のメモの比較」である。
　「良くなってきていますよ」と口で説明するよりもはるかに説得力がある。

また、細かいエピソードもメモを見れば思い出せる。具体的に話すことができるのである。

> ③　方針を確定して書き込む。

　話していると、どうするかという方向性も見えてくる。
　ある母親に「叱るサイクルからほめるサイクルへ」という提案をした。しかし、それだけでは実行できない。親も戸惑う。
「日記の量や質は問わないことにしましょう。書いたか書かないか、それだけ。書けたことをほめていきましょう。」
「漢字テストで自信を持たせたいので、テスト前夜には、一緒に練習してもらってもいいですか。」
「いいことはいっぱいあるので、一筆箋に書いて、○○さんに渡しながらほめようと思います。家でもそれを見てほめてもらえば2倍になります。そうしていただけませんか。」
　こんな話をして、決定した方針をTOSSメモに書き込んだ。ここまで要した時間はほんの5分ほどである。このあとさらに2人の保護者と話をした。2週間後の個人懇談では、このTOSSメモが活躍したのは言うまでもない。

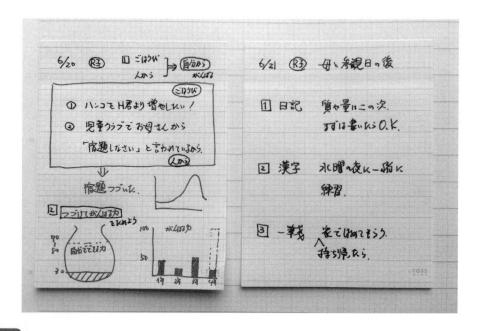

4 TOSSメモのユースウェアは向山型仕事術そのものである

(1) 準備簡単！　すぐに終わる！　夏休み作品コメント記入法

　子どもたちが夏休み明けに持ってくるたくさんの作品をどう処理するか。そんなことにも教師の力量は表れる。私にはかつて大失敗した経験がある。他のクラスが展示を終えているのに、まだコメント書きすら終わっていなかったのだ。コメントが思い浮かばず四苦八苦し、結局、展示まで終えたのは夜8時を過ぎていた。

　しかし、向山氏の作品コメント記入法を知ってから、こんなことはなくなった。

　　　子どもの発表を聞きながら「その場」で書く。

　子どもたちの作品発表を聞きながら「楽しい旅行記ですね」「曲げるところを工夫しましたね」などと書いていけば良い。同時進行で進むから、いくらでも具体的に書けた。どんな道具を使うかも重要である。

---

　　　①「TOSSメモさくら」　　②細めの赤のマジックペン

 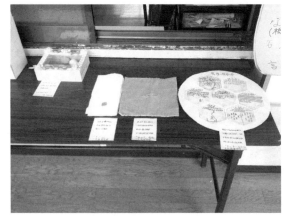

各作品に貼りつけてあるのが「TOSSメモさくら」

　向山氏は「ピンクの画用紙」を裁断したものに書いていたが、今なら「さくら」がある。薄いピンク色のメモ用紙で、方眼も入っているのでコメントが書きやすい。しかも、裏には付箋と同じのりがついているのですぐに作品に貼り付けられる。セロテープで貼る手間がいらない。当然、作品のコメント用紙を作って印刷する手間も一切なくなる。

細めの赤のマジックペンでピンクの紙に書くと、コメントがぎっしりに見えるから不思議である。

> その日のうちに展示まで終える。

最難関のコメント書きが子どもの発表終了と同時に終わるのだから、すぐに展示もできる。「え！　もう作品の展示まで終わったの？」と同僚から驚かれる。
仕事時間が短縮でき、具体的なコメントも書けるオススメの仕事術である。

⑵ TOSSメモさくらと「向山型」仕事術がセットで発表された理由
　ピンク色の「TOSSメモさくら」が登場した時、向山氏は「向山型夏休みの課題評定」とセットで発表した。

> なぜ、「TOSSメモさくら」と「向山型」仕事術がセットで発表されたのか。

2013年夏の向山氏のTOSS−SNSダイアリーを引用する。

> 1.「TOSSメモさくら」が出来上がります。地の色、ノートの色がピンクです。夏休みが終わり、子どもの作品が展示されます。その時、教師は、子どもたちに一人ひとり夏休みの作品の発表をさせます。それを聞きながら、「TOSSメモさくら」にメッセージなどを書きます。例えば、「楽しい旅行記ですね」、「素敵な家族旅行でしたね」などと書きます。子どもに発表させているときに書くので、その場で出来上がります。それを作品に貼りつけます。この時、「TOSSメモさくら」に書くのは、細めの赤のマジックペンがいいのです。これだと、先生の熱意が伝わります。……昔、進研ゼミの赤ペン先生の赤ペンの入れ方は、私がこのように指示をしました。

ここまでなら、「TOSSメモさくら」でなくとも良い。
切る手間は多少あるが、ピンクの紙でも十分なのである。

> 2.「TOSSメモさくら」があると、始業式の日などに子どもに発表させ、教師はそれを聞きながら、「TOSSメモさくら」に赤マジックペンで記入します。それをその日のうちに廊下、教室などに展示します。いっぺんで夏休みの作品の展示ができます。

京大式やKJ法を超える！
TOSS式T・T法で生まれた教師の知的生産技術　Ⅰ

これもTOSSメモである必要はない。だが、次は違う。

> これは、向山式です。学校中で驚かれました。当時は、「TOSSメモさくら」がなかったので、ピンクの画用紙に書いて、セロテープで貼っていました。「TOSSメモさくら」は、このような手間ひまがかからず、しかも、美しく展示できます。

ここが今までと違うところである。今までだったらセロテープで貼る手間があったのに、その手間さえもゼロにしてしまうのがTOSSメモなのだ。

> TOSSメモの登場で、「その場主義」の向山型仕事術がさらに進化した。

(3) TOSSメモの優れたユースウェアを開発していく使命

ここでもう一度、自分の疑問に戻る。

> なぜ、「TOSSメモさくら」と「向山型」仕事術がセットで発表されたのか。

向山氏は、ただ「便利に使える」ということをアピールしたかったわけではないはずだ。

> TOSSメモとユースウェアをセットで広めることが重要である。

優れた教材教具は、優れたユースウェアと一体になって初めてその効果を発揮する。その典型が「向山型夏休みの課題評定」だったのである。
このようなTOSSメモの優れたユースウェアを開発していくのが我々の使命である。

5　向山氏の知的生産術から生まれたTOSS式T・T法

(1) 向山氏の知的生産術

TOSSメモの使い方は、まさに向山氏の知的生産術そのものである。
向山氏は全集55巻の中で次のように書いている。

> 目について、アッと思ったら、必ず、やぶり取るかコピーします。

> (『教え方のプロ・向山洋一全集』第55巻「向山の教師『仕事術』」p.43)

つまり、その場でTOSSメモに書くのと一緒である

> やぶり取るんですが、昔、時間のあった時は、カードに貼ってたんです。
> (p.47)

　昔の向山氏は「後で分類する」ことも視野に入れていたのだ。それが「知的生産」にとって必要なことだったからだ。
　しかし、この方法には欠点がある。それは、時間が奪われることだ。

> 　現在は、そんな時間はありませんから、全部、ダーッと重ねておくということで、そうするとたまります。
> (p.47)

　この部分など、TOSSメモに次々とメモしていくのと一緒である。TOSSメモは後で分類できるから、何も気にせずに時系列に書いていけば良い。だから、貴重な時間も奪われない。これも大事な「知的生産」の技術の1つなのである。

> 　たまってもう1回見ます。もう1回見ますと、そのうちの6割か7割はいらないですね。その時ものすごく感動してすばらしいと思ったものでも、使いみちがないのがあります。それは捨てます。残った4割ぐらいは使えますから、どっかで使います。
> (p.47)

　これもまさにTOSSメモと同じである。書いたTOSSメモを1枚ずつはがしながら、TOSSノートに貼っていく作業と似ている。
　そして、使える情報（＝メモ）を取り出して組み合わせれば、立派な原稿の材料になるわけである。これもTOSSメモを「貼り替える」ことで実現できる。
　TOSSメモは「知的生産」のツールである。このことを再認識している。

⑵ ノートに同時進行で「自分の意見」をまとめる重要性
　向山氏は以前から、ノートに「自分の意見」をまとめることの大切さを教えてくれている。『教室ツーウェイ』2005年4月号より引用する。

> 　実は私は、学校の研究協議会の時は、いつも「自分の意見」をまとめていた。

京大式やKJ法を超える！
TOSS式T・T法で生まれた教師の知的生産技術 I

> 大切な所を左ページにメモしつつ、同時進行で右側に、要点をまとめていった。

　普通はメモも自分の意見も全部一緒に「時系列」に書いてしまうのだ。
　しかし、向山氏の方法であれば、「時系列」でありながら、「自分の考え」だけを後から取り出しやすくなる。講師の先生が言った言葉も大事だが、実際に後から使うのは「自分の考え」の部分なのである。
　この作業をメモと同時進行でやっていくのだから驚かされる。
　さらに、このノート術には「コツ」がある。

> 　その時にコツがある。
> 　断片のコトバは駄目である。必ず、完結した一文にしなければならない。
> 　重要な点については、「質問」の文を書き、それに対しての自分の考えを一文、二文、三文くらいで書いておいた。
> 　文には、必ず、番号を入れた。
> 　番号を入れることで、まとまりがついてくるのである。
> 　更に「大きなくくり」がつけられる時はA、B、Cで、それを示し、タイトルをつけた。
> 　研究協議会の最後の方には、再度見直し、追加の文などを入れた。
> 　こうして作った「学校の研究協議会の向山ノート」から数々の主張が生まれたのである。

　TOSSメモとTOSSノートを使えば、この向山氏のノート術を簡単に追試できる。

(3) 京大式やKJ法を追い抜く!?　TOSS式T・T法

　TOSSメモに書いたメモを、TOSSノートとどう組み合わせるか。
　TOSSメモを活用したノートフレームをTOSS−SNSに発信した。
　それに対する向山氏のコメントである。

> 　このノートすごい　向山のノートよりすごい　明らかに　知的生産技術　京大式KJ法を抜いている　五〇年かかって　TOSS式が京大式を抜いた証拠だ

　私のノートは、TOSSメモと「黄金の3分割」を組み合わせたものだった。
　黄金の3分割は、向山氏が推薦していた『頭がいい人はなぜ、方眼ノートを使うのか』（かんき出版）に書いてあり、これが大きなヒントになった。

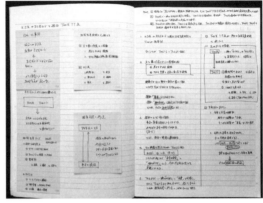

　東大生のノートは「板書」「気づき」「要約」の3つに分割され、外資系コンサルタントのノートも「事実」「解釈」「行動」の3つに分割されている。
　私もTOSSノートの見開き2ページを3分割して使うようにした。「事実」「意見」「主張」のように分けたこともあれば、「思ったこと」「考えたこと」「まとめ」としたこともあった。
　私の場合、左上にテーマを書き、それに関する思いつきを左端に書き始める。断片的な思いつきでも次々と書いていると「あっ、前にも似たようなことをメモしたことがあるぞ」と思い出すのだ。

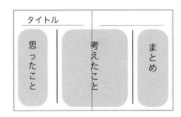

図　ノートフレーム　2つの型

　だから、この左端のスペースに探し出してきたTOSSメモをそのまま貼ってしまうことが多い。
　そのTOSSメモの内容を受けて、真ん中に「自分の考え」を書き、最後に右端に「まとめ」を書けば完成である。これを仮にノートフレームA型としておく。
　テーマに関わるメモが最初からたくさんある場合には、ノートフレームB型がおすすめである。
　まず、見開き2ページを2つに分け、左に関連するTOSSメモを貼る。親和性のあるTOSSメモを近くに貼ったり、重ねて貼ったりする。そしてそのTOSSメモを操作しながら考えたことを、右側に書いていく。スペースもゆったり

とあるので、自由にまとめられる。

そして最後に結論を3点にまとめ、右上に赤で書けば完成である。

⑷ T・T法は教育実践の創造ツール

向山氏はこうした知的生産の技術を「TOSSメモ・TOSSノート法（T・T法）」と名付けた。このT・T法は、教師の教育実践を根本から変える可能性がある。

向山氏はSNSで「教育実践の創造」と題して次のように発信している。

ノートフレームA型とB型をあわせたノート

| 指導法の工夫と事実の検証の連続運動の中に生まれる。 |

「子どもの事実」をTOSSメモに蓄積し、TOSSノートで事実を検証する。そしてさらに工夫していく。T・T法で新たな教育実践を創造していきたい。

6 「TOSSメモさくら」を使った「教師の論文執筆術」

⑴ ピンクの「TOSSメモさくら」をどう使うか

「TOSSメモさくら」をどう使うか。

もちろん、夏休み明けの作品処理には絶対に使いたい。しかし、それだけではもったいない。まずは原稿執筆に使ってみることにした。

ノートに原稿のテーマを書いた。「サマーウィークの学び」である。サマーウィークとは、夏休みにTOSSのセミナーが開催される1週間のことだ。

以下、原稿執筆までの手順を示す。

〈第1段階　書いたTOSSメモを広げる〉

サマーウィークに書いたTOSSメモをノートに広げ、その中から12枚を取り出した。私の中で特に印象に残った12枚だ。だが、これは若干多すぎる。

| TOSSメモが一覧できる枚数に減らす。 |

関連性のある5枚を1枚のTOSSメモにまとめた。これで8枚になった。
　論文を書くためにはすべてのメモが全面見える方がいい。重なっているとめくる手間も移動の手間も増えるからだ。8枚ならA4ノートの見開き2ページで全面見ることができる。最高12枚まで貼ることが可能ではあるが、余白が生まれない。余白が生まれなければ矢印などのブリッジも書きにくい。
　そう考えると8枚までが最適なのかもしれない。

〈第2段階　小さなまとまりを作る〉
　次に小さなまとまりを作っていった。それをさらにまとめていくと、小さく5つのまとまりになった。大きく分けると2つになるので、ノートの左右に分けて貼った。
　まとまり同士の関連性も見えてきたので、メモとメモを矢印でつないだ。その矢印の真ん中、ノートの余白に「どういうつながりなのか」を赤ペンで書いた。

〈第3段階　ミニ論文を「TOSSメモさくら」に書く〉
　ここまでやった時に「1つのまとまった考え」が浮かんだ。それを「さくら」に書いた。私はこれを「ミニ論文」と呼ぶことにした。思いつく度に「ミニ論文」を書いていった。

> TOSSメモには「事実」「発見」「自分の考え」を書く。
> 「TOSSメモさくら」には「ミニ論文」を書く。

　こう区別することで、ピンクのメモだけを見れば、原稿の大枠はできあがっているという状態になった。後はその順番を並び替えるだけで済んだ。
　以上の手順をまとめると次のようになる。

> ①TOSSメモに「事実」や「発見」「考え」を書く。
> ②関連の深いメモをまとめる。
> ③関連したメモから思いついたことをさくらに書く(これを「ミニ論文」と呼ぶ)。
> ④ミニ論文を並べかえて論文を作成する。

　今までにも原稿執筆にTOSSメモを使ってきたが、「さくら」が加わったことで③④が可能になった。

> 2段階の思考が可能になった。

京大式やKJ法を超える！
TOSS式T・T法で生まれた教師の知的生産技術 I

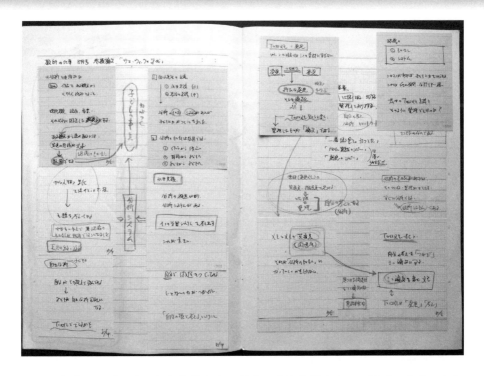

　この方法なら「さくら」を移動させるだけで大きな組み立ての枠はできる。これが一番の大きな変化かもしれない。

(2) TOSSメモに「自分質問法」を組み合わせる

　子どもたちにも論文を書く力をつけたい。そのためには、まず教師自身が書いてみることだ。向山氏からもらったコメントがその大きなヒントである。

> 　論文を書ける子供たちの誕生　それは　事実の断片をすべて拾い集め　それを構成　組み立てることができるから　①すべての断片の収集　②構成　組み立て　この二つの難題を解決したのがTOSSメモ　新しい　高度な授業の誕生だ

　これは教師も一緒だ。
　少し前に算数の原稿依頼をもらった時のことだ。大きなテーマは「教科書の練習問題＝つまずく原因と対策」とあった。
　私の執筆テーマは「個別対応に追われる時の対策」である。書くことはすぐに3

つの事例が思いついた。TOSSメモに蓄積していたのが大きい。これは「①すべての断片の収集」に当たる。

過去のメモも見ながらその3つの事例を新しいTOSSメモに書いた。ここまでは良かったが、その後が思いつかない。3つの事例を並列的に扱うと薄まってしまう。書くなら1つに絞った方が良い。

だが、その1枚のメモから論文を書いてみたもののどうにも薄っぺらで納得がいかない。たぶん1枚なのがいけなかったのだ。

そこで思いついたのがこの方法だ。

自分質問法

何てことはない。自分で自分に質問するだけのことだ。

きっと誰かこんなことをしている人はいるだろうが、あえてネーミングしてみた。

人に質問してもらうと不思議と答えが出てくる。Q&Aがそうである。サークルでの代案がそうである。他の人の質問（授業や考え）に接した時に、自分の頭から自然に答えが出てくるのである。これを自分でやってみたのだ。やり方は簡単だ。

① 質問を原稿依頼の文章から考える。
② TOSSメモの上の部分にその質問を書く。
③ 思いついた答えをその下に書く。

原稿依頼の文章の中にはこう書いてあった。「教師が発達障がいの子の個別対応に追われている。」この言葉から質問を3つ考えた。

質問1　どんな障がいか？
質問2　どんな個別対応を必要としているか？
質問3　結論は何か？

答えもそれぞれに書いていった。書いていくうちにまた新たなことを思いつく。それもメモに書いていくとあっという間にノート1ページ分になった。

後は順番を考えるだけである。こうして書いたのが次の原稿である。

1　自分を止める"言葉"を持たせる

「注意すると反発します。」

聡（仮名）は、引き継ぎの時に前担任から聞いたとおりの子だった。だから算数の時間も「困った」ことが次々と起きた。

①　ノートを丁寧に書かない。
②　×をつけられるのを嫌がる。
③　自分のやりたいことを優先する。

注意しても効果はなかった。さらにひどくなるのが関の山だった。

脳科学者の平山諭氏は著書『満足脳を作るスキルブック』の中で次のように述べている。

　視覚情報はイメージ処理なので、判断（意思決定）は速くなるが、対人関係処理能力としては弱い面も持っている。キレる、パニックになる、衝動的に行動する、人のものを破壊するなどは『イメージ』処理型の欠点が出ている。自分を止める"言葉"がないのである。
（『満足脳を作るスキルブック』p.9）

平山氏は対応方法にも言及している。

①　内言語を使い言葉を反芻させる『ループ』処理型の脳を育てる。
②　「考える人は賢い」「2つ考えなさい」などの授業スキルが効果的である。

これが私の指導方針となった。

2　「後で」も1つの選択肢

冒頭の3つの「困った」場面の中でも一番困ったのは、③だった。

算数が始まっているのに、聡（仮名）は1人、前の時間にやった理科の実験キットを出したままだった。電気で動く車作りをやめられずに続けていたのだ。

「聡君、しまうんだよ。」と言ったが、まるで聞こえてないかのように車を作り続けた。「自分を止める言葉」を持っていないからだと思えた。

この場面でどうするか考えた。今までだったらここで間違いなく叱っていた。「その場」で何とかしなければと思ってしまっていたからだ。だが、私はその選択肢を捨てた。
　その場でそれ以上の指導はしなかった。しかし、このまま放置しておいても聡の行動は改善されない。大事なのは「その後」である。

> 　落ち着いた時に振り返らせる。

　私はこの時のことをすぐにTOSSメモに記録した。TOSSメモは手のひらサイズのブロックメモでありながら、切り取ると付箋のようにノートに貼ることができる。その場で子どもの記録をとり、後でノートに整理することもできる便利なグッズである。
　私はTOSSメモを持ち、放課後、聡を別室に呼んだ。私の第一声は、「えらかったね。」だった。聡は車作りをやめなかったが、後半はみんなと同じ算数の問題をやっていたからだ。
　ほめ言葉は聡にも届く。他にもいくつかのことをほめ、それから本題に入った。
　「さっき算数の時に先生が『片付けなさい』って言ったよね。その時に聡君はどう思ってたのか教えてくれる？」
　聡は早く完成させたかったのだ。
　「そうか、早く完成させたかったんだよな。それで続けてやって、遅れたけど後からちゃんと追いついたもんな。立派だよ。」
　私はほめているだけなのだが、聡は急に反省の言葉を言い始めた。
　「すぐに片付けなかったのがいけなかった。」
　「そうかぁ。じゃあ、もし、次また同じようなことがあった時どうする？」
　私がそう聞くと聡はこう答えた。
　「次はすぐにやめる。」
　まさに、聡が「自分を止める言葉」を持った瞬間だった。
　この時の対応のポイントは3つである。

> ①　落ち着いている時に声をかける。
> ②　必ずほめ言葉から入る。
> ③　相手に問いかけ、自分の言葉で話させる。

聡は自分の言葉で約束したことは守ろうとする傾向があり、この方法が有効だった。

3 記録の積み重ねが効果を発揮する

到達度を可視化することも大事である。
TOSSメモに水槽のようなものを描き、「ていねいさ」の到達度を可視化した。前よりも前進しているのを聡に実感させるためである。
この使い方もさっきの3つのポイントが効果的だった。
「最近、がんばって丁寧に書けるようになってきたよね。今、何％ぐらいたまったかな？」
もちろん、聡が丁寧に書いた日を選んでこう問いかけた。当然、聡はほめられる。こんなやりとりの時、聡はきまってうれしそうな顔をしていた。
メモの数は対応の数でもある。メモを書き続けて60枚目を過ぎた頃から、聡に関する「困った」は激減していった。

TOSSメモと「自分質問法」のおかげで、論文執筆のハードルがぐんと下がった。特に、自分には書けないと思えるようなテーマの時におすすめの方法である。

7 TOSSメモを使わないからわかった「3つの不安」

あえてTOSSメモを使わないことでわかったTOSSメモの良さがある。
付箋を授業に使ってみてわかったことを書く。

(1) 付箋のメリット

総合的な学習の時間に「収穫した米をどうするか」について考えさせるために、KJ法を使おうと考えていた。TOSSメモという選択肢もあったが、ここでは付箋を使った。その理由は2つある。

> ① 子どもたちは短い言葉で書くと予想した。
> ② 付箋を使うことでTOSSメモと比較しようと考えた。

付箋には付箋の良さがある。例えば、付箋のサイズの豊富さもその1つである。

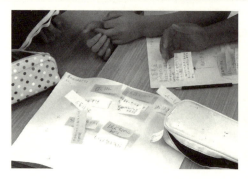 

　短い言葉しか書かないのなら、TOSSメモの半分ぐらいのサイズでも十分だ。サイズが小さければたくさん貼れるというメリットもある。
　今回は、TOSSメモの半分以下のサイズの、横長の小さな付箋を使った。
　まずは班ごとにブレインストーミングのようにアイディアを次々と付箋に書き出させた。B4用紙1枚では足りないぐらいに書き出す班がほとんどだった。
　ここまでは付箋のメリットを強く感じていた。

(2) **付箋のデメリットとTOSSメモのメリット**
　問題はこの先だった。
　「親近感」のあるカードを集めさせていった時に気がついた。

---
① 粘着力が弱い。
② こざねにすると横長になってしまう。
③ 字の大きさがバラバラとする。

　粘着力の弱さはどの付箋を使うかにもよるだろうが、私が使った付箋は、TOSSメモののりと比べるとかなり不安だった。
　「こざね」とは、梅棹忠夫が使った言葉である。論理的につながりがありそうだと思われる紙きれをまとめて行き、できあがった紙きれのつらなりを言う。この利点はまとめて動かせるということである。
　ところが、こざねにしようとすると横に横にとつなげていくしかなかった。3つ4つとつながるとひょろひょろっとして、これまた不安定な感じがした。TOSSメモの場合は面積が大きい分、TOSSメモ同士を貼り合わせてもどっしりとした安定感があるのだ。5・6年生であっても、罫線のない付箋に字を書くと、文字のバランスが上手く取れずに不安定な感じがする子が多い。

京大式やKJ法を超える！
TOSS式T・T法で生まれた教師の知的生産技術　I

3つともあえて付箋を使ってみたからわかることだった。
以下、この報告を読んだ向山氏からのコメントである。

> よく気がつきましたね　TOSSメモののりは　特別です　特許のあるものです　使用料が発生します　高いのです　水川に相談されて　私は使うことを選択しました　TOSSメモで一番お金がかかるのは　世界的特許ののりの使用料なのです　今の値段では商売にならないほどです　授業で活用して　その良さすばらしさがわかってくれてありがとう　すばらしい教育実践家ですね

8　ベストセラー『思考の整理学』から生まれた「TOSS式知的生産ノート」

"東大生・京大生に最も読まれた本"として知られている『思考の整理学』（外山滋比古）を「TOSSメモ・TOSSノートの活用」という切り口で読んだ。
　見えてきたのは、「TOSSメモ・TOSSノートを活用した仕事術」である。

(1) 情報の"メタ"化を促す3つの方法

『思考の整理学』のキーワードを1つあげるならこれだろう。

> 情報の"メタ"化

「メタ化」とは何か。『思考の整理学』から引用する。

> 　「○○山は南側の斜面が砂走になっている」というようなことばは第一次情報である。これに対して、「この地方の山は△△火山帯に属している」といった表現は、第二次情報である。第一次情報をふまえて、より高度の抽象を行なっている。"メタ"情報である。さらにこれをもとにして抽象化をすすめれば、第三次情報ができる。"メタ・メタ"情報というわけである。
> 　このようにして、人為としての情報は高次の抽象化へ昇華して行く。
> 　思考、知識についても、このメタ化の過程が認められる。もっとも具体的、即物的な思考、知識は第一次的である。その同種を集め、整理し、相互に関連づけると、第二次的な思考、知識が生れる。これをさらに同種のものの間で昇華させると、第三次的情報ができるようになる。　（『思考の整理学』p.74-75）

これを仕事術として捉えるなら、第一次的情報を、第二次、第三次と昇華させていくことが「質の高い仕事」へとつながっていくということである。
　そのための方法も示されているが、その中でも重要なのは次の3つである。

> ①　醗酵
> ②　移す
> ③　昇華

⑵ **醗酵とはノートやメモを「見返す」ことである**
　まず、「醗酵」から考える。これは簡単に言えば「放っておく」ということである。時々、ふっと頭に浮かぶ「ひらめき」をメモする。普通ならばそこからあれこれと考えるだろう。しかし、メモをしたらしばらく「醗酵」を待つのである。簡単だ。すぐに見返さずに放っておけば良いだけなのだから。
　そして、しばらくしたら次の作業をする。

> 　たまったメモを「見返す」。

　「醗酵」と「見返す」はセットである。
　「見返す」ことの良さは何か。外山氏は次のように述べている。

> 　この手帖の中で、アイディアは小休止をする。しばらく寝させておくのである。ある程度時間のたったところで、これを見返してやる。すると、あれほど気負って名案だと思って書いたものが、朝陽を浴びたホタルの光のように見えることがある。（中略）
> 　見返して、やはり、これはおもしろいというものは脈がある。そのままにしておかないで、別のところでもうすこし寝心地をよくしてやる。
> 　別のノートを準備する。手帖の中でひと眠りしたアイディアで、まだ脈のあるものをこのノートへ移してやる。（中略）
> 　手帖には三つくらいの要点しかなかったものが、こうして整理しようとすると、五つにも六つにもなるというのが、寝させている間に考えがふくらんだ証拠である。
> 　　　　　　　　　　　　　　　　　　　　　　　　　（p.100-101）

　つまり、「移す」というのは、次の作業を同時に行っていることになる。

> a　情報を「取捨選択」する。
> b　不要な情報を「捨てる」。
> c　新たな情報を「付加する」。

「移す」という作業にこれらの3つが自然と付随してくるのが面白い。「移す」だけで情報の質が高まるのである。そして、外山氏はこれをさらにもう1回行うための「メタ・ノート」を作っている。

> 　ノートにもとづいて、その上にさらにノートをつくる。あとの方をメタ・ノートと呼ぶことにする。
> 　まえに紹介したノートは一テーマ一ページをあてたが、このメタ・ノートは、ひとつのテーマに二ページずつあてる。見開き二ページが一つのテーマということになる。（中略）ノートにあったことを整理して、箇条書き風に並べる。余白はあとの記入のためにゆったり残しておくことがのぞましい。
> 　　　　　　　　　　　　　　　　　　　　　　　　　　　　　(p.105-106)

こうして「第一次」だった情報が「第二次」「第三次」へと進んでいくのである。

(3) TOSSのレポート検討はまさに「昇華」である

　外山氏の示す方法は極めてわかりやすかったが、ただ1つイメージできなかった言葉がある。それが「昇華」である。
　例えば、第一次から第二次に進む段階は次のように書かれている。

> 　思考、知識についても、このメタ化の過程が認められる。もっとも具体的、即物的な思考、知識は第一次的である。その同種を集め、整理し、相互に関連づけると、第二次的な思考、知識が生れる。これをさらに同種のものの間で昇華させると、第三次的情報ができるようになる。　　　　　　(p.75)
>
> 　われわれが自分で考えたことがらについても、この第一次からの段階的抽象化が考えられる。断片的なひとつひとつの着想は、いわば、第一次的情報である。そのままでは、それほど大きな意味を持たない。これをほかの思考と関連させ、まとめて、第二次的情報にする。
> 　このときに醱酵、混合、アナロジーなどの方法がはたらくのである。(p.77)

これはイメージできる。「整理」も「関連づけ」もわかる。「醱酵」「混合」「アナロジー」もわかる。
　しかし、第二次から第三次へとする段階がわかりにくいのである。「これをさらに同種のものの間で昇華させる」とは何を指すのか考えあぐねた。
　そして数日が経ち、ある日突然にひらめいた。

> 「昇華」とは、例えば「TOSSのレポート検討」である。

　TOSSの合宿を思い浮かべた。各地のTOSSの教師たちが、自分の実践や研究をもとに構造的にまとめたレポートである。全国のTOSS教師が、その時の限界レベルで書いたレポートは、少なくとも第二次、あるいは第三次と進化したレベルであることは間違いない。
　そんな高次の情報が「同じテーマ」で100部以上集まるのである。自然と「比較」が生まれる。自分のレポートにない視点がたくさん飛び込んでくる。もうこれ以上は書けないという「自分の限界」に達しているからこそ生まれる状態だろう。
　新たな情報が飛び込んでくることで、今まで自分が不可能と思っていたことができるかもしれないと思えるようになる。これが「昇華」ではないだろうか。
　レポート検討の時間は合宿のほんのわずかな時間でしかないのに、革命的な変化が起こるのはこの「昇華」のおかげだとも言える。
　TOSSには合宿以外にもレポート検討の場はたくさんある（レポートでなくとも、模擬授業や原稿の検討も同じである）。もっとも身近なところはサークル例会であろう。そのサークル例会にどのような情報を持ち込むのか。どの段階の情報を持ち込むのか。それによって自分の得られるものは変わってくる。
　向山氏は「京浜教育サークルの運営方法」をSNSで紹介している（抜粋）。

> 3. 運営方法には特徴がありました。サークルのメンバーが学校で配布した印刷物を人数分持ってくることです。学級通信や職員会議での提案物などです。
> 　また、学校で配られた印刷物で、これは他の学校でも役に立つと思われるものはコピーして持ってきました。（中略）
> 5. これがすごく役に立ったのです。学校の職員会議や研究会や専門部会で出されたさまざまな印刷物があるからです。
> 　京浜教育サークルの勉強は、これらのプリントの説明と感想が大半でした。8割以上の時間はこれにあてていました。（中略）
> 7. この方法は、ほとんど特別な時間がかからないで学校の仕事の流れの中で

> 用意できますので、とてもいい方法だと思います。
> 8. ちなみに、サークルのためにレポートを用意する、レポートを書くということは、ほとんどやったことがありません。

　サークル例会のために「ほとんど特別な時間がかからない」というのは、裏返せば「その時々の学校の仕事に全力で取り組んだ」ということである。
　そのようなレベルまで高めた資料だからこそ、サークル例会という場で「すごく役に立つ」情報になったのではないだろうか。
　では、「レポート」の段階に高めるための効果的な仕事術とはどのようなものかが問題になってくる。これについては後ほど考える。

⑷ 向山氏はなぜ「移す」ことなしに情報を高次化できるのか

　外山氏の方法で少し気になったのは、「移す」という作業に少々手間がかかることだ。
　向山氏の場合はどうだろうか。向山氏は「移す」という作業をしていない。そのことがSNSでのコメントに詳しく書かれていた。

> 　例えば　学校の研究が毎年1冊ぐらい　中身は　研究協議　講師の話が3割ぐらい　話を聞いたりメモしながら　自分の考えをまとめて書いていく　構造的にね　番号は必ず入れる　このまとめは　そのまま出版できるレベル　谷氏などにコピーをあげたこともある　自分のまとめは1回につき3ページぐらい　その時に完成させる　後でまとめることはしない　但し1年後　3年後などに見直して　追加を書く　私のノートはこれが多い　かき捨てはない　必ず後で見直して追加を記入する　これを新卒からしている　このノートからさまざまな企画が生まれる　私の企画は5年　10年　20年　30年寝かせたものが9割だ　知的生産は書くことから生まれる

　向山氏はなぜ「移す」ことなしに情報の段階を高められるのか。
　それは、ノートに「メモ」をしつつ、「自分の考えをまとめる」ところまでを同時進行で行い、「そのまま出版できるレベル」にまで高めているからである。具体から抽象化までを一気にやり、「昇華」させているのだ。これは驚異的なレベルである。
　これは外山氏の言う「移す」ことと同じであり、それを「短いスパン」で、「1冊のノート」の中で行っているのである。そこまでやってから向山氏は「醱酵」さ

せている。出版できる段階まで昇華させたものをまた寝かせるのである。そして、長い熟成期間の後に何度か「見返し」て書き込みをしている。向山氏から次々と出される様々な企画の背景には、そうした積み重ねがあるのである。
　同じく、SNSのコメントから引用する。

> 　私の企画は5年　10年　20年　30年寝かせたものが9割だ　知的生産は書くことから生まれる　ただし議事録みたいな書き方からは　何も生まれない　99パーセントの教師は何も生まれない書き方をしている　それにしても　とりあえず書くことはいいことだ　書かない教師より100万倍知性的になる　高段者のノートはけた外れに素晴らしいはずだ

　様々な方法があるが、「第一次的情報」で終わってしまうようなやっつけ仕事では、何かを変えていくような仕事はできないということだけは間違いない。
　向山氏は「高段者のノートはけた外れに素晴らしいはずだ」と言っている。
　「どのように仕事をしていくのか」ということは、「どのようにノートを活用していくのか」ということと同じ意味なのだ。

⑸　向山氏が『思考の整理学』に言及した理由
　今、目の前に「TOSSメモ・TOSSノート」というツールがある。
　これをただの「便利」な道具で終わらせてはいけない。
　向山氏はSNSダイアリーで「知的生産の技術」と題し、次のように書いている。

> 　私は　たくさんの論文をかき　100冊を超える本をかき　1000冊を超える雑誌の編集長をしてきた　知的生産のトップクラスにいた　それを支えたのは知的生産技術である　私の場合は　第一にノート　第二にカードであった　今なら　TOSSメモ　TOSSノートを使うだろう　参考にした本はいくつもある　昔　知的生産技術研究会の本は特におもしろかった　現在なら　外山シゲヒコの　思考の整理学　筑摩文庫　を使うだろう　東大　京大で一番売れてる本だから　TOSSの教師なら　ほとんどの人が読んでいると思うけど　念のために紹介する

　これは外山氏の知的生産の技術を真似しろという意味ではない。

> 　外山氏の主張を出発点にして、TOSSメモ・TOSSノートを使った新たな知

京大式やKJ法を超える！
TOSS式T・T法で生まれた教師の知的生産技術

的生産の技術を生み出していくこと。

このことが求められているのだ。

(6) 外山氏の主張を進化させるTOSSメモ・TOSSノート

私は外山氏の『思考の整理学』から3つの観点を抜き出した。

① 醱酵
② 移す
③ 昇華

このことを実現するのに、TOSSメモやTOSSノートはどう活用できるのだろうか。

醱酵させるためにはまず「情報」が必要になる。アイディアやひらめきと言っても良い。

外山氏の場合、その情報を「手帖」を持ち歩き、書き貯めていく。

なぜ外山氏はカードではなく、「手帖」に書き付けるのだろうか。

> カード方式の泣きどころは、カードの保管整理がうまく行かない点である。うっかりすれば、せっかく時間をかけてつくったカードが散佚する心配もある。バラバラだから、抜けてもわかりにくい。そのかわり、いろいろ配列を変えたりできて便利でもある。
> カードが多くなってきたら、どうしても整理のためのカード箱がほしい。紛失しないように注意する。カード箱の中は、項目ごとに分類しておくと、あとですぐ参照できる。　　　　　　　　　　　　　(p.88)

カードには「散佚」と「整理」という2つの課題がある。カードは紛失する恐れがあり、整理するにも専用の箱が必要であり面倒である。だから、外山氏は大事なアイディアが散佚しない手帳を選択したのだろう。

しかし、手帳にも弱点はある。使えるアイディアをノートに再度書き写す必要があるということだ。もちろん、書き写す良さはあるが、手間がかかることは否めない。

> この「手帖」を「TOSSメモ」に替える。

前述のように、TOSSメモには次の3つの特徴がある。

> のり・ミシン目・カバー

この3つの特徴によって次のことが可能になる。

> ①　アイディアをまとめて安全に保管できる。
> ②　見返したメモをそのままノートに移動できる。
> ③　複数のノートに自由に分類できる。

　この3つの利点を考えれば、外山氏のように詰めて書いていかなくとも良い。むしろ、1枚に1つのひらめきにする方が後で整理しやすい。60枚書き切ったTOSSメモの束をめくって読み返す。これはと思ったアイディアは切り取ってそのままノートに貼る。
　「ミシン目」が安全にメモを保管してくれ、「のり」がメモをそのまま移動することを可能にする。しかも何度でも貼り替えられるのだから便利だ。
　ここまでが「移す」作業である。

(7) ノート1ページ目の「見出し」でノートの中身と仕事の進捗状況を管理する
　自分の仕事の質を高めるために、ノートをどのように使うのか。
　まず、仕事を2つに分けて考える必要がある。

> ①　「その場主義」で終えられる仕事
> ②　完成までに一定の時間がかかる仕事

　この2つをノートで管理しようとするから破綻する。その場でできることはすぐに終えることが大前提となる。次に「昇華」を「サークル例会や職員会議での検討」と考えてみる。するとノートでやるべきことがはっきりとする。
　「例会までにどのようにしてレポートや授業の形に仕上げるのか。」
　「まとまった時間を要する仕事をどう起案文書の形に仕上げるのか。」
　こうしたことが仕事術として求められるのである。では、それを支えるノートにはどんな役目が必要なのだろうか。

> 一定の時間を要する仕事を「形」にするのが、ノートの役目である。

京大式やKJ法を超える！
TOSS式T・T法で生まれた教師の知的生産技術 I

これまでも仕事用のノートを作ってきた。
しかし、後で見返したことはほとんどない。書いて終わっているのだ。なぜか。

> 様々なレベルの仕事が混在していた。

つまり、その場で終わるような仕事も全部書いていた。思考をまとめるというよりはただのメモ書きである。これでは見返すはずがない。見返すだけの価値がないとも言える。
そして最大の欠点はこれだ。

> どこに何が書いてあるかわからない。

見返すのに探す手間がかかってしまうのでは意味がない。『思考の整理学』の中にその問題を解決するヒントがあった。

> ノートの一項目ずつの記載にも、カードと同じように、見出しが不可欠である。ただ、ノートの場合は、ひとつひとつの項目の順序が固定してしまっていて配列変えをすることはできない。
> ノートの利用価値を高めるには、見出しをまとめて、索引にしておくとよい。これだと、どれとどれが相互に関係するか、一覧することができる。　(p.90)

この記述を見た瞬間にひらめいた！　向山塾でもらった資料だ！
向山氏の65の仕事の達成状況がノート見開き2ページで一覧になったものが突如頭の中に浮かんだ。様々な企画の進捗状況がグラフで表され、一目でわかるようになっている。
これをノートの1ページ目に書くことにした。
左側に抱えている仕事を書き、達成状況がわかるように7つの段階に分けた。

第1段階「助走」　　…とりあえず何かを書き込んだ段階。
第2段階「1ページ」…ノート1ページ分を埋めた段階。
第3段階「2ページ」…ノート2ページ分を埋めた段階。
第4段階「提案」　　…レポートなどの形にまとめた段階。
　　　　　　　　　　（SNS等での文章化もOK）
第5段階「検討①」　…1回目の検討をしてもらった段階。

第6段階「検討②」　…2回目の検討をしてもらった段階。
第7段階「完成」　　…完成した段階。

ノートの表紙をめくればすぐに抱えている仕事が一覧できるようになった。仕事の進捗状況も一目で確認できる（写真下）。

(8) 仕事1つにつき、ノート見開き2ページ

次にノートをどのように使っていくか考えた。
基本は1つの仕事につき、見開き2ページを割り当てるのが原則である。

> 　ノートにもとづいて、その上にさらにノートをつくる。あとの方をメタ・ノートと呼ぶことにする。
> 　まえに紹介したノートは一テーマ一ページをあてたが、このメタ・ノートは、ひとつのテーマに二ページずつあてる。見開き二ページが一つのテーマということになる。（中略）ノートにあったことを整理して、箇条書き風に並べる。余白はあとの記入のためにゆったり残しておくことがのぞましい。
>
> 　　　　　　　　　　　　　　　　　　　　　　　　　　（p.105-106）

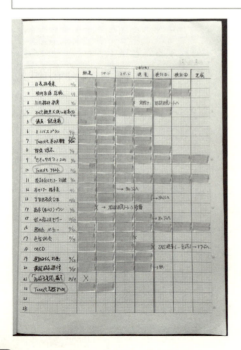

見開き2ページ分の書き込みができれば、ある程度仕事が進んだと言える。
ここまで来ればレポート化（文章化）のハードルもぐんと下がる。
では、どのように書き込んでいくのか。これには2つの方法がある。

> ①　TOSSノートに直接書き込む。
> ②　TOSSメモに書いたものをTOSSノートに貼る。

どちらにも利点があるが、基本は①だろう。TOSSノートが側にあるなら直接書き込む方が手間がかからないからだ。
では、TOSSメモに書く方が良いの

京大式やKJ法を超える！
TOSS式T・T法で生まれた教師の知的生産技術

はどんな時だろうか。

A　近くに仕事用のTOSSノートがない時。

せっかくひらめいたのに、近くに仕事用のTOSSノートがない。そんな時にとりあえずTOSSメモに書いておけば、後からTOSSノートにそのまま貼り替えるだけで済む。

しかし、TOSSノートが側にあっても、TOSSメモの方が適している場合もある。

B　アイディアの組み合わせや入れ替えが必要な時。
C　見開き2ページでは収まらない大きな仕事の時。

例えば、「授業（講座）作り」がそうである。

1つの授業や講座を作るためには多くの情報を集めることになる。到底2ページでは収まらない。

また、授業や講座では情報をどのように組み合わせ、どの順番で提示するのが良いか考える必要がある。その時には直接操作できるTOSSメモの方が便利である。

ある時、郵便教育セミナーの模擬授業をする機会をいただいた。原則通り見開き2ページを割りあて、とりあえず思いついたことをTOSSメモに書き、そのページに貼り付けていった。

貼れないぐらいにTOSSメモが貯まった時点で用意したものがこれだ。

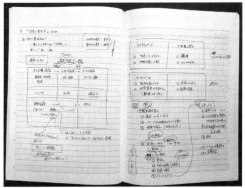

A4のTOSSノートΩ

A4にしたのは単純に広いからである。A4のTOSSノートには

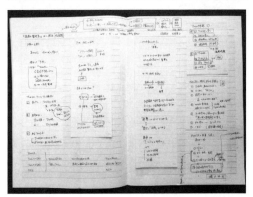

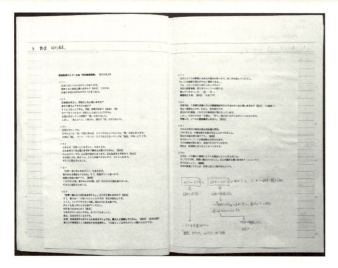

いくつか種類があるが、薄くて開いた時にフラットになる「TOSSノートΩ」が貼りやすいのでおすすめである。

だが、すべてのTOSSメモをこのA4ノートに移すわけではない。これは使えると思ったものだけを移していく。

その上で論理的につながりのあるTOSSメモを組み合わせていき、それを見ながら思いついたことを新たなTOSSメモに書き足していった。

この方法で行ったのは他に、〈TOSS授業技量検定の指導案作り〉や〈『思考の整理学』の学びの整理〉などのある程度まとまった仕事の時である。

『思考の整理学』の場合は、見開き2ページで書いてみた（前ページ写真上）が、そこからさらに発展していきそうだったのでTOSSメモとA4のTOSSノートに切り替えた。そして「自分の考え」をTOSSメモに書きだし、整理したものが前ページ写真下である。

仕事用に使っているTOSSノートα（B5）からTOSSノートΩ（A4）にTOSSメモを移すと、その割り当てられた2ページが空白になることがある。その時には、できた指導案やレポートなどを縮小印刷し、そのページに貼っている（上の写真）。

こうすることで、一旦完成したものをまた寝かせておくことができる。後から見返して書き込みを入れていけば、新たな提案も生まれるかもしれない。

この仕事術についての向山氏のコメントである。

> 知的生産技術の最高峰だ。

(9) 書けない時は「書き出す」しかない

『教え方のプロ・向山洋一全集』第55巻に、向山氏の知的生産の技術が載っている。これも『思考の整理学』というフィルターを通して読むと、新たな発見がある。

京大式やKJ法を超える！
TOSS式T・T法で生まれた教師の知的生産技術

例えば、向山氏が雑誌原稿の催促電話が来ても「書けない時」の執筆方法がそうだ。

> とにかく書き出すのである。

書けないけれど、書き出す。これだけだと矛盾しているように感じるが、これには続きがある。

> それも3枚ぐらいのつもりで書く。

執筆すべき20枚のうちの3枚ぐらいなら「どうにかなる」と思えるのだ。そして、次のように進んでいく。

> 　とにかく書き出すのである。それも3枚ぐらいのつもりで書く。20枚はとても無理だが、3枚ぐらいならどうやら筆はすすむ。3枚と思って書いても、だいたいが5、6枚になる。それでやめておく。
> 　次の日また、3枚のつもりで書き出す。
> 　大切なことは「前の日と無関係」に書くことだ。
> 　前の日の文とのつながりを考えると筆がすすまない。構想が「カッチリ」浮いてこないのである。
> 　とりあえず、また「3枚のつもりで、実は5、6枚」を書く。
> 　こうして、ユニットを3つ作る。
> 　この3つをつなぎあわせればよい。これなら楽である。ユニットがまずいなら、1つを削除すればいい。絶不調の時はこうやって書く。
> 　　　　　　　　　　　（『教え方のプロ・向山洋一全集』第55巻 p.35-36）

これと全く同じことが『思考の整理学』でも書かれている。

> 　頭の中で、あれこれ考えていても、いっこうに筋道が立たない。混沌としたままである。ことによく調べて、材料がありあまるほどあるというときほど、混乱がいちじるしい。いくらなんでもこのままで書き始めるわけには行かないから、もうすこし構想をしっかりしてというのが論文を書こうとする多くの人に共通の気持である。それがまずい。
> 　気軽に書いてみればいい。あまり大論文を書こうと気負わないことである。
> 　　　　　　　　　　　　　　　　　　　　　　　　　　　（p.135）

外山氏の主張も「気軽に書いてみればいい」である。さらに次の記述もある。

> 　書くのは線状である。一時にはひとつの線しか引くことができない。「AとBは同時に存在する」、と考えたとしても、AとBとを完全に同時に表現することは不可能で、かならず、どちらかを先に、他をあとにしないではいられない。
> 　裏から言うと、書く作業は、立体的な考えを線状のことばの上にのせることである。なれるまでは多少の抵抗があるのはしかたがない。ただ、あまり構えないで、とにかく書いてみる。そうすると、もつれた糸のかたまりを、一本の糸をいと口にして、すこしずつ解きほぐして行くように、だんだん考えていることがはっきりする。
> (p.136)

なぜ書くことが難しいのか。それを「線状」「もつれた糸」というわかりやすい比喩で表現してあり、なるほどと納得した。もつれた糸を解きほぐすためには、とりあえずやり始めるしかないのである。

> 　頭の中にたくさんのことが表現を待っている。それが一度に殺到したのでは、どれから書いたらよいのか、わからなくなってしまう。ひとつひとつ、順次に書いて行く。どういう順序にしたらいいかという問題も重要だが、初めから、そんなことに気を使っていたのでは先へ進むことができなくなる。とにかく書いてみる。
> 　書き進めば進むほど、頭がすっきりしてくる。先が見えてくる。もっともおもしろいのは、あらかじめ考えてもいなかったことが、書いているうちにふと頭に浮かんでくることである。そういうことが何度も起れば、それは自分にとってできのよい論文になると見当をつけてもよかろう。
> (p.136-137)

このようにして見て行くと、向山氏の執筆術が理にかなっているのがよくわかる。

⑩ 「これぐらいなら書ける」と思わせるTOSSメモの絶妙なサイズ

　これと似た光景をふと思い出した。
　社会科見学で子どもたちにTOSSメモを使わせた時のことだ。それまでは気づいたことをノートに箇条書きさせていた。ノートだとなかなか鉛筆が進まない子がちらほらといた。ところが、TOSSメモに変えると子どもたちの動きが変わった。とりわけ変化したのは、今までほとんどノートに書けなかった子たちだ。その子たちが、TOSSメモになら次々と書けたのだ。

京大式やKJ法を超える！
TOSS式T・T法で生まれた教師の知的生産技術

Ⅰ

これと同じことが、作文の時にも起きた。原稿用紙を渡すとなかなか書き始められない子でも、TOSSメモに思いついたことから書かせていった時には、何枚も何枚も書いていた。なぜ、このような「変化」が生じたのだろうか。

> TOSSメモの大きさに秘密があるのではないか。

ノートを開くと大きなスペースが広がる。書くのが苦手な子たちにとっては、こんなに書かなければいけないという思いになるのだろう。原稿が書けない時の我々も同じかもしれない。しかし、TOSSメモはとても小さい。手のひらに収まってしまうサイズだ。TOSSメモ4枚でノート1ページ分になる。だからきっと子どもたちの思考はこうなっているはずだ。

> TOSSメモ1枚ぐらいなら書ける。

そうして取りかかり始めると、思わず2枚、3枚……と書ける自分に気づくのだ。その瞬間に「たくさん書いてるね」「すごいね」と先生にほめられればもっとたくさん書こうとがんばるだろう。

TOSSメモ1枚1枚の内容はそれぞれ独立している。順番を考えなくて良い。思いつくままに書くだけで良い。向山氏の執筆術とも重なって見えてくる。

このことを教師の知的生産技術にも応用できないかと考えた。

> なかなか手をつけられない仕事の場合には、まずTOSSメモ1枚書くことを目標にする。

「TOSSメモ1枚ぐらいなら」という心理が働くのをうまく利用するのである。

実際に私もやってみた。

1つ目は、そろそろ提案せねばと考えていた「校内模擬授業研修」のことだ。

空き時間にふと思いだし、TOSSメモに「考えておくことは何か？」とまず書いてみた。あとは思いつくままに箇条書きするだけだ。「1　いつやるのか」「2　何人ずつやるのか」等と書いておいた。ここまでやっておくと家に帰ってからも少し気になる。

まず、メモしたTOSSメモをTOSSノートに移した（次ページ写真上）。

次に、以前何かの雑誌に先行実践が書かれていたことを思いだし、それを見つけ出して要点をまとめた。まとめる段階でTOSSメモに書いていた自分への質問はす

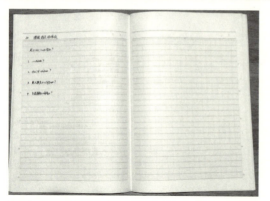

べてクリアされた。最後に、ノートの右端に「現在の考え」を青で書いて終わりにした（写真下）。

2つ目は、筆者の地元・島根で行われる谷和樹氏のセミナーでの指導案作りである。社会科の授業をすることになっているので、TOSSメモを使った授業をやりたいと思っていた。だが、思っているだけで何も書き込みもしてこなかった。

これではまずいと思い、ぱっと思いついたことをTOSSメモに書き始めてみた。TOSSメモは1枚全部を埋める必要はないので気楽に書ける。書きながら2枚目のことも思い浮かんだので書き、計2枚のTOSSメモがノートには貼られた。

TOSSメモは、このように「とりあえず取りかかる」ツールとしても使える。

⑾ 仕事の仕方を変えた「醱酵」という概念

『思考の整理学』から得た「醱酵」というキーワード。この「醱酵」を意識するようになってから仕事の仕方が変わった。「醱酵」という言葉は絶妙だ。

> 知的生産技術の大事なポイントを一語で言い表している。

なぜ「醱酵」が必要なのか。次の文章が大きなヒントになる。

> こういうノートをつくって、腐ったり死んだりしてしまわなかった手帖の中のアイディアを移し、さらに寝させておく。醱酵して、考えが向こうからやってくるようになれば、それについて、考えをまとめる。機会があるなら、文章にする。
> 　　　　　　　　　　　　　　　　　　　　　　　　　(p.101-102)

京大式やKJ法を超える！
TOSS式T・T法で生まれた教師の知的生産技術

> すでに、相当に寝ている、あたためてあるから、思いつきは思いつきでも、すぐ腐ってしまう短命なものではない。すでに、一度はふるいにかかっている。自分の頭の関所を通っているのだから、他人の頭の関所をなんとかパスする可能性もそれだけ大きいと考えてよい。　　　　　　　　　　　　　　(p.102)

これをまとめると、先の疑問の答えになる。

> 思いつきはすぐに腐る。だから「寝かせる」というプロセスが必要なのだ。

葡萄をただ放置しておいてもワインにはならない。大豆をただ放置しておいても納豆にはならない。おいしく醗酵させるためには、然るべき準備と手続きが必要になる。アイディアも一緒だ。アイディアをそのまま置いておくだけでは足りない。最初の段階で「然るべき準備」をしておく必要がある。

では、「然るべき準備」とは何か。

> 仕事が発生した段階で、その瞬間に思いつくだけのアイディアを書き出しておくこと。

「その場主義」でできる限りの準備をしておくということである。

原稿執筆を考えてみるのがわかりやすい。「これならすぐに書ける」と思ったテーマなら良い。〆切が近づけば書けるだろう。「これはちょっと書くのが難しい」と思ったテーマの時が問題だ。書けそうにないから「後回し」にすると、大変なことになる。締切日が来ても、締切日を過ぎても一向に書ける気がしない。

こうなると、たくさんの人に迷惑をかけることになってしまう。

> 「後回し」では「醗酵」モードに入らない。

難しいテーマでも、何かしら思いつくことはあるはずだ。与えられたテーマから考えられることを書いておくだけで全然違う。

しかも、その瞬間に自分が思いつくことを書くのに時間はかからない。この一瞬の手間を惜しまないことが、「醗酵」モードのスイッチをONにすることになる。

そうわかっていても「後回し」にしてしまうこともある。そこで考えたのが「とりあえずTOSSメモ1枚に書く」という方法だったのである。

⑿ 向山氏の原稿執筆術はまさに「触媒」探しである

アイディアを寝かせておくことの大切さはすでに書いたとおりだ。

しかし、ただ寝かせるだけではなく「然るべき手続き」も必要だ。『思考の整理学』で言うところの「触媒」である。

> 　新しいことを考えるのに、すべて自分の頭から絞り出せると思ってはならない。無から有を生ずるような思考などめったにおこるものではない。すでに存在するものを結びつけることによって、新しいものが生まれる。
> 　すぐれた触媒ならば、とくに結びつけようとしなくとも、自然に、既存のもの同士が化合する。
> 　　　　　　　　　　　　　　　　　　　　　　　　　　　(p.56-57)

向山氏の原稿執筆術も全く一緒である。『教え方のプロ・向山洋一全集』第55巻から引用する。

> 　とにかく、絶好調にしなくてはならない。何をするのか。まずそうじをする。机のまわり、棚の中をそうじするのである。
> 　こうすると、メモや手紙が出てくることがある。中には、イマジネーション豊かなものがある。これが、ありがたい。
> 　メモ、手紙、資料に触発されて、5、6枚のユニットを書く。これがいくつかできあがる。
> 　　　　　　　　　　　　　　　　　　　　　　　　　　　　(p.39)

発見された「メモ、手紙、資料」が触媒なのである。さらに「第二の手」もある。

> 　ここで第二の手に移る。
> 　何をするのか。1枚の紙を取り出して、「子供の動かし方」でイメージされる言葉を次々に書くのである。
> 　何でもいい。とにかく、紙の上に文字を連ねていく。「子供」関係の文字が並んだかと思うと「動かし方」関係のイメージが出てきたりする。まるでかまわない。ドンドン続ける。こうやって、およそ3分。調子がよければ5分。
> 　できあがった紙を見る。書いているうちにことばの連想があって、思いもかけない着想を見つける。「オオ、ソウダッタ」という発見がある。
> 　これを5、6枚書いていく。ただし、今度の場合は軽く5、6枚を突破して10枚、20枚へとつきすすむ。こうしたユニットをいくつか作りあげる。
> 　　　　　　　　　　　　　　　　　　　　　　　　　　　(p.39-40)

京大式やKJ法を超える！
TOSS式T・T法で生まれた教師の知的生産技術 I

　イメージされる言葉を次々に書いていく。これも触媒を見つけるための方法である。では、その先はどうなるのだろうか。

> 　紙の上の着想を使いきると、もう出てこない。これ以上は出ない。
> 　ここでいよいよ最後の手が出る。
> 　何をするのか。全部放りなげて「やーめた」となるのである。
> 　ソファの上にごろっとなる。
> 　今まで手にしていなかった本を手にする。雑誌がいい。『ビッグトゥモロー』『コモンセンス』『プレジデント』横文字の雑誌が多い。
> 　知的有名人が書き飛ばしたいいかげんな文章に目を通す。この方が肩がこらなくていい。さすがに、ひきずり込む強さは持っている。
> 　ソファーで横になって、2時間、3時間、読み続ける。
> 　時々、「なにを」と思うことがある。「これいいじゃねえか」という時もあれば、「こんなことあるもんか」と思うこともある。
> 　頭が刺激される。
> 　かくして、カッカして机に向かう。またまた5、6枚の文章ユニットができあがる。これがいくつかできる。
> 　こうやって何種類ものユニットが机の上に積まれていく。
> 　もう一度読み直して、手を入れる。
> 　それを2、3日ほっておく。
> 　後日、また読み返す。できがいいものもあれば、ひどいものもある。ひどいのは訂正する。書き入れもする。書き直しはしない。だから私の原稿を担当される編集者の方は、さぞ大変なことだろう。
> (p.40)

　これと重なる部分が『思考の整理学』にも登場するのだから、本当に面白い。

> 　その場合、人は無心であることがのぞましい。ある数学者が、長い間、ひとつの問題に取り組んでいて、どうしてもうまい解決ができないでいた。あるとき、うとうとと居眠りした。そのあと、目をさますと、突然、謎が解けていたという。この場合も、意志の力が弱まったところで、はじめて、それまで別々になっていた考えが結合されて、発見となったのだろう。
> (p.57)

　キーワードは「無心」である。この「無心」というのは、「醱酵」のために「寝かせる」状態と一緒である。

向山氏の場合は「今まで手にしなかった本」であり、しかも「ソファーで横になった」リラックスした状態で読むのである。
　向山氏が「たくさん本を読め」と常々言うのも同じことなのだと推測する。それも「触媒」という視点で考えれば、授業技量検定に関する資料を集めるための読書とは別に、「無関係」な本も含めてたくさん読むことが大切なのだろう。

①　仕事が発生した瞬間に「その場」で思いつくことを書く。
②　しばらく寝かせて「醗酵」を待つ。
③　その間に「触媒」となる「読書」もする。

　これが今の段階での私の「まとめ」である。

⑬　自分の中に「視点」を持っていることが触媒の発見につながる

　視点があるから見えるようになることがある。向山氏のダイアリーで得た『思考の整理学』という視点。その視点で見ると、知っていたはずの向山実践からも新たな発見が生まれた。その視点で見ると、TOSSメモ実践の新たな展開が見えた。新たなもの同士が結びついて、さらに新たな発想が生まれた。
　たまたま読んでいた『「分析批評」で授業を変える』(向山洋一)でも、また新たな発見をした。

　私は「分析批評」を学ばせようとしたのではなく、「分析批評」の授業をしたかったのである。
　つまり、現在の分析批評の授業は、「井関型分析批評」と「向山型授業方法」のドッキングなのである。
　だから、井関氏の言われるように、「向山型授業方法」が、たまたま「分析批評」に出会ったともいえる。
　他のものに出会っていれば、ちがう実践が生まれた可能性は強い。
　　　　　　　　　　　　　　　　（『「分析批評」で授業を変える』p.18-19）

　これも「視点」という問題意識が頭にあったからこそ引っかかったのだと思う。
　それにしても、分析批評の授業もそうだったのかと驚いた。分析批評と出会わなくとも、向山実践は凄かったに違いない。しかし、向山実践と分析批評が出会ったことで、「やまなし」という難教材も授業できるようになったのである。向山氏をして「授業できなかった」と言わしめたほどの難教材である。そのことを考えると、

京大式やKJ法を超える！
TOSS式T・T法で生まれた教師の知的生産技術

何かと何かが結びつくことの素晴らしさを感じずにはいられない。

⑭「括る」ことで既存の情報にも新しい意味が生まれる

　視点は「括り」とも言える。このことを感じたのはあるセミナーでのことだった。向山氏の最終講演を聞きながら、不思議な感覚に襲われた。

　学生時代の演説の話、夏休み明けの語り、ラジオ体操の指導、TOSSの理念、上海での論争……まだまだいっぱいあった。1つ1つのエピソードはどこかで聞いたことのあるものがほとんどだった。ところが、これが「授業技量検定」という枠組みで語られると、新たな「感動」が生まれた。そのようなつながりを意識したことがなく、そのつながりが見えたことに知的興奮を感じ、それが感動につながったのだと自分では分析していた。

　しかし、その体験が『思考の整理学』とつながるとは思ってもみなかった。

> 　ノートの中では、もとの前後関係、コンテクストができる。ひとつひとつのテーマの卵はそのコンテクストに包まれて、おのずからその影響を受ける。新しい展開を妨げられていることもある。　　　　　（『思考の整理学』p.103）
>
> 　コンテクストが変われば、意味は多少とも変化する。手帖の中にあったアイディアをノートへ移してやると、それだけで新しい意味をおびるようになる。もとのまわりのものから切り離されると、それまでとは違った色に見えるかもしれない。　　　　　　　　　　　　　　　　　　　　（p.105）

　このコンテクストは私の言う「括り」と同じだ。

　向山氏の1つ1つのエピソードが、新たな「括り」でまとめられたことで、それぞれのエピソードのもつ「意味」が変化し、新しい意味をもつようになった。その結果、「それまでとは違った色に見える」ようになり、感動につながったのだろう。

　この分析は中央事務局検定の直後にはできなかった。『思考の整理学』という視点を得たことで、このような分析が可能になった。

　多様な「視点」を持つことで、様々な角度から物事を分析し、考えることができるようになるのだということを身をもって感じている。

　『思考の整理学』で、第一次情報を抽象化し、第二次情報にするための方法の1つとして「分析」があった。子どもたちに「分析」させるにはどうしたらよいかと考えていたが、その1つの方法が「視点」を持たせることであり、そのための「教師の発問」の重要さを感じた。

具体的に実践化したい。

⒂ TOSS式知的生産ノートを実践してみた実感

向山氏から「知的生産技術の最高峰だ」とコメントをもらったTOSSメモ・TOSSノートの活用方法を「TOSS式知的生産ノート」という名前で呼ぶことにする。そのノートを半月で1冊を使いきった。

偶然、我が家を訪れた後輩に以前の仕事ノートと一緒に渡して見せた。

「え！　全然違いますね！」

後輩の言葉にハッとして、自分のノートを眺めてみた。私も比較してみて改めてその違いに吃驚した。

1番大きな違いは「密度」である。

書き込みの量が全く違う。以前のノートはスカスカしていて、メモ書きのようにしか見えない。

2つ目の大きな違いは「色」である。基本は「黒」か「青」で最初に書いていく。いわば「第一次情報」である。途中で思いついたことや、後から見直して考えたことは「赤」や「青」で書き込んでいく。この段階で囲んだりすることも出てくる。こうした色を見れば「第二次情報」になっていることがわかる。

「TOSS式知的生産ノート」を実践した方はこの書き込みが多く、ノートが3色のペンで彩られている。以前のノートはほとんど青か黒しかない。どちらが情報としての価値が高いかは一目瞭然である。

そして3つ目の違いが、「仕事の進捗状況の把握」である。以前のノートにも「To Do」は書いてあった。だが、このページはノートの中程にあり、すぐに見られる場所にはない。

また、消されていない項目もあり、その後、見返してないことも分かる。その時

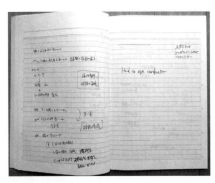

メモ書きのような以前ノート

3色のペンで書き込んだ現在のノート

京大式やKJ法を超える！
TOSS式T・T法で生まれた教師の知的生産技術

に抱えている仕事を書き出したに過ぎないということだ。

これに対して「TOSS式知的生産ノート」実践後は、1ページ目に仕事が一覧になっており、グラフにすることで進んでいる仕事、進んでいない仕事が一目で分かるようになっている。

グラフのデコボコはやはり気になるものだ。自然と進んでない仕事のことが気になり、そのページを何度か開いて何か書き込めないか考えるようになった。それが、後からの書き込みの多さにつながったのだろう。

ノートが進化した分、この半月は仕事も割と順調に進めることができた。

これが自分で「TOSS式知的生産ノート」を半月実践してみての感想である。

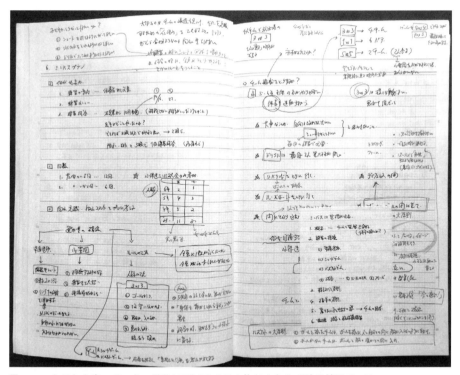

思いついたことを書いていき、最後にTOSSメモ1枚にまとめて貼り付けている

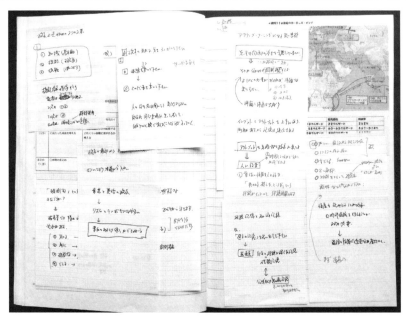

ある研修会の講師を務めた時のノート。授業を見ながら考えたことを次々とTOSSメモに書き、話す順に貼り替えていった

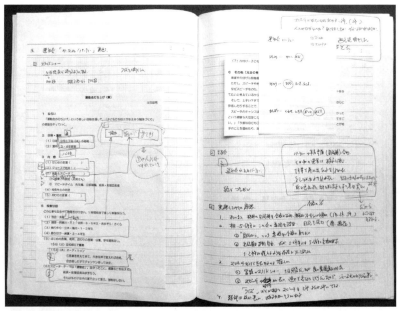

自分が起案した文書を縮小コピーして貼り付け、そこから詳細なプランを考えていった

京大式やKJ法を超える！
TOSS式T・T法で生まれた教師の知的生産技術

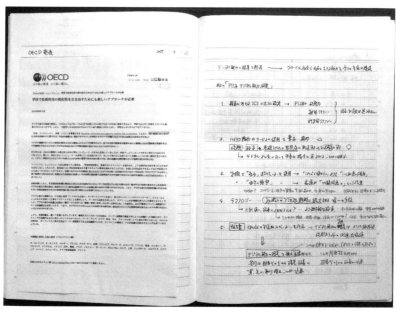

左ページに資料を貼ってラインを引き、それを見ながら自分の考えを右ページにまとめた

授業研究で講師の話を聞きながら書いたノート。左ページには自分の考えた授業の代案を書き、右ページには研究の視点に沿って自分の考えを整理したものを書いた

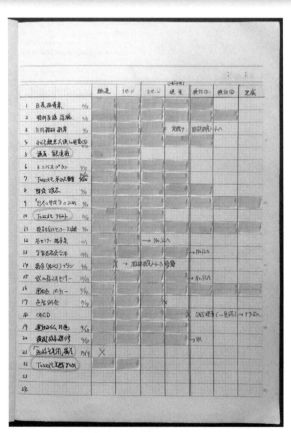

ノートの1ページ目には目次を作る。今、どんな仕事を抱えているのか、その進捗状況はどうなのか、ということが一目でわかるようにしている（38ページ参照）

II 「気になるあの子」を成長させる！
TOSSメモ活用の特別支援

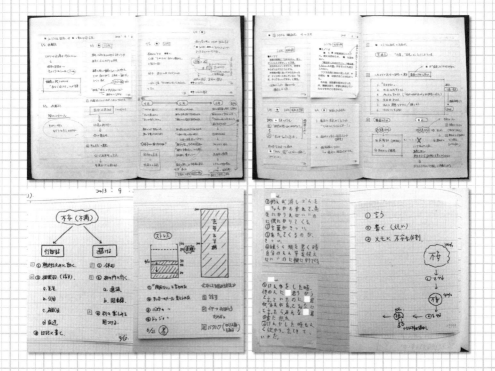

1 自分の力量を超えた子との格闘から生まれたTOSSメモ活用対応術

(1) TOSSメモで発達障がいの子のワーキングメモリを補助する

　知的生産技術のツールであるTOSSメモが、特別支援教育に活用できるのではないか。そう考えたきっかけは、4年生の聡（仮名）との出会いだった。
　どんな子どもたち相手でも自分のやり方が通用するようになってきた。どこかでそんなふうに思っていた自分の鼻っ柱を見事にへし折られた。
　今までの自分の対応では、キレた聡を止めることができなかった。どうしたら良いのか。目の前で次々と起きるトラブルに打つ手がなかった。
　そんな時に出会ったのが、宮尾益知ドクターの論文だった。
　宮尾ドクターは、『授業力＆学級統率力』2013年7月号（p.74-75）で次のように述べている。

> 　強調したいのは発達障害は認知の障害であって、精神疾患ではないことです。過去の経験に照らして、眼前の状況を判断して、考えを巡らせながら、軌道修正しながら物事をやり遂げていくといった認知プロセスに問題があります。

宮尾氏は、さらに次のようにも書いていた。

> 　過去の経験と現在の状況を理解するためのワーキングメモリ（WM）に問題があります。過去の経験が活かされていないのは当たり前の話なのです。

この論文を読んだ時、瞬時に第Ⅰ章で挙げた向山洋一氏の論文が思い浮かんだ。

> 　思いついたことは時間がたつと忘れます。夜中に思いついたことも朝起きると思い出せません。
> 　みなさん、経験あるでしょ。つまり、TOSSメモは、ワーキングメモリの代用をしているのです。
> 　瞬間で覚え、すぐに忘れてしまうワーキングメモリ。忘れたことの中には、大切なことがあったのです。その代用をしているのです。
> 　　　　　　　　　　　　　　　（『教育トークライン』2013年7月号 p.7-8）

　「ワーキングメモリ」というキーワードによって、全く異なる2つの論文が結びついた。

「気になるあの子」を成長させる！
TOSSメモ活用の特別支援 II

> 発達障がいの子どものワーキングメモリに問題があるのならば、「TOSSメモ」で「ワーキングメモリの代用」ができるのではないか。

では、どのように対応すれば良いのか。宮尾氏の論文から次の2つであると考えた。

> A　すかさずほめる→体に覚えさせる。
> B　できた理由を振り返る→理屈で思い出すようにする。

これが聡に対応する時の基本になった。
このことをTOSS－SNSで報告したところ、向山氏から次のコメントをもらった。

> すごい　実にすごい　歴史に残る実践報告だ

ここから私のTOSSメモを使った特別支援対応の実践がスタートした。

⑵ **TOSSメモを使ったら1学期間に23回あったトラブルが0になった！**
　TOSSメモを使うことで、発達障がいの子のトラブルが激減した。
　なぜTOSSメモで効果的な対応ができたのか次の3つの視点から述べる。

> ①記録・分析が可能になる。
> ②接近感情が高まる。
> ③ワーキングメモリを補助する。

4月に出会った聡は、黄金の3日間を過ぎた頃からトラブルを連続で起こし始めた。

> 〈事例1〉
> 　体育の時間、聡が友達をからかうようなことを言った。それを見つけた私が、
> 「言っていいことですか？　立ちなさい」
> と言うと、聡の表情はみるみる変わった。
> 　目はつり上がりふてくされ、「別にいい」と言って体育館を出て行こうとした。
> 〈事例2〉
> 　給食の片付けでもトラブルになった。
> 　給食のワゴンを運ぶ当番だった聡は、他の子が片付けているにもかかわらず

> ワゴンを動かし始めた。
>   トラブルにならないわけがない。ワゴンの押し合いが始まった。
> 「俺は早く片付けたいんだ！」
> 「あいつが悪い！」
>   私は間に入って止め、けんか両成敗としたが、最後まで聡は自分の非を認めなかった。

　この2つの事例とも、私は最終的に叱って終わるしかなかった。自分の無力を痛感した。聡のトラブルは何日も続いた。6月末までの3カ月間で起きたトラブルを数えてみたが、なんと23回もあった。
　しかし、1年後には大きな変化があった。3学期、つまり最後の3カ月間のトラブルは0回になったのだ。一気にトラブルがなくなったわけではない。小さな積み重ねの連続で到達したのが、このトラブル「ゼロ」の事実である。

(3) TOSSメモが「記録」と「分析」を容易にする
　発達障がいの子への対応が難しい理由の1つは、明確な指導方針が出せないことである。そのために場当たり的な対応になってしまい、後手に回ってしまうことになる。明確な指導方針を出すためには次のことが必要である。

> ①　具体的な事例の収集。
> ②　収集した事例の整理・分析。

　真面目な先生であれば、①はクリアできる。ノートや手帳に書き込んだり、パソコンに毎日打ち込んでいる先生も知っている。しかし、難しいのは②である。時系列に書き込んだノートでは後から整理するのに時間がかかってしまうのである。過去の記録を探し出し、書き写すのは結構面倒な作業である。
　それに対し、TOSSメモは「携帯」ができ、「その場ですぐに書く」こともできる。のりがついているので付箋のように「自由に貼り替える」こともできる。
　今まで困難だった「整理・分析」が簡単にできるようになったのである。

(4) 失敗対応を整理し、分析すると「方針」が導き出せた！
　聡は学級の中でも一番気になる子どもだった。
　特に、トラブルがあった時に相手のせいにするばかりで、自分の悪かったところを振り返ろうとしないことには困った。

「気になるあの子」を成長させる！
TOSSメモ活用の特別支援 II

> どうすれば受け入れさせることができるのか。

これがその当時の一番の課題だった。

困った私はまず具体的な事実を集めることから始めた。そして、集まった事例の中から3つの失敗事例を取り出し、ノートの左ページに貼った。

次に、右ページに自分の考えを書いていった。その時のポイントはこれだ。

> 自分に問いかける。

「共通することは何か」「なぜ起きるのか」と自分に問いながらまとめていくと失敗パターンが見えた。こうしてまとめた結果、わかったことがある。

通常は叱ってもそれを受け入れ、反省し、新たなコード（社会性）を獲得していく。しかし、聡の場合は注意した時点でキレてしまい、自分の非を認めなくなってしまう。新たなコードを獲得することもない。だから、同じトラブルを繰り返してしまうのだ。このことに気付いてから、聡を「叱る」「注意する」という選択肢は捨てることにした。

整理・分析例①

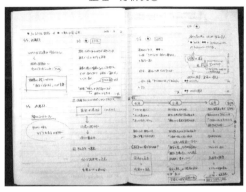

整理・分析例②

失敗対応

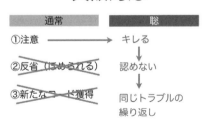

⑸ TOSSメモで自分の「接近感情」の高まりを見えるようにする
① 見えない接近感情を数値化する

平岩幹男ドクターとの学習会が山口県で開かれ、その時に教えてもらったことの1つがこれだった。

> 子どもの成長には接近感情が欠かせない。

子どもに対して「扱いにくい」という「回避感情」が大きくなると、子どもとの接触も減る。接触が減れば「扱いにくい」という思いがさらに増幅してしまう。だから、この悪循環を断ち切り、接近感情を大きくしていく必要があるのだ。
　平岩氏からは次のような方法を教えてもらった。

> ① 1日10回ほめる。
> ② 1日5分×3回のケア（雑談で良い）。

　TOSSメモに記録を取るようになり、気になる子に対してはこの2つが自然とできるようになってきたのを実感した。しかし、この「接近感情」は目に見えない。そこで「接近感情」を見える形にできないかと考えた。

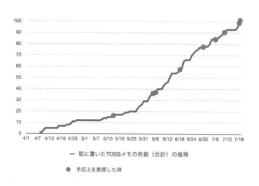

メモの枚数
＝　意識的な関わりの数
＝　接近感情の大きさ

　この変化を捉えやすくするために、折れ線グラフにもしてみた。折れ線が「枚数」を、●印が「手応えを感じた時」を表している。

② 向山氏の実践記録をグラフ化し、比較することでわかること
　向山洋一氏が発達障がいの子ども、吉岡君（仮名）との記録を残している。1977年11月30日に出された「教育と障害」である。
　その中に「日常の記録」も残されている。

> もし向山氏がTOSSメモを使って記録していたなら、その枚数はどのように

変化していたのだろうか。

そんなことを考えてみた。

向山氏の「日常の記録」をTOSSメモに写し、グラフ化し、筆者の実践と比較してみた。そんな作業をしてみてわかったことがある。

筆者のグラフ（前ページ）は最初は変化が少なく、段々と急上昇のカーブを描くのに対して、向山氏のグラフ（右）は最初から急上昇のカーブを描き、やがて平坦になっていっている。

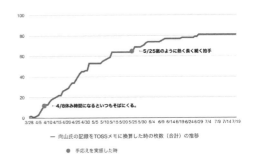

― 向山氏の記録をTOSSメモに換算した時の枚数（合計）の推移
● 手応えを実感した時

このグラフから次の2つの違いが読み取れる。

① 向山氏は最初から吉岡君に積極的に関わっている。
② その関わりは意図的、計画的に行われている。

記録は3月28日から始まっており、膨大な資料（それも全集や選集の類いから雑誌まで幅広い）に目を通し、春休み中に母親や本人と面談を行っている。しかも、「母親への質問を整理」し、向山氏自身の「見解をまとめる」作業まで行われている。

向山氏はこうした作業を経た後に始業式を迎え、意図的に関わっている。

だから、黄金の3日目にあたる4月8日の時点で、吉岡君は「休み時間になるといつもそばにくる」状態になる。そして5月25日の時点で、『教師修業十年』にも登場する「嵐のように熱く長く続く拍手」が起きるのである。

これは、平岩氏の言う「問題行動解決」のための3つの視点に当てはまる。

A なぜそれが起きているのか。
B どうすれば「ほめる」ことができるか。
C どうすれば「叱らない」ですむか。

事実をつかんで、分析し、方針を立てることの大切さを実感した。

⑹ TOSSメモは発達障がいの子に優しいツール

私は、聡と関わりながら見つけた方法は、平岩ドクターの主張と全く一緒だったことに驚いた。平岩ドクターは「理解できない行動、困った行動」に対して次のよ

うな方法を提示している。

> ① 落ち着かせる。
> ② 自分で説明させる。
> ③ それができたらまず「ほめる」。

　私はこの方法とTOSSメモとを組み合わせた。対応をしながら聡の言い分を聞いてメモしたり、私の考えを書きながら話していったりした。このような対応を繰り返していった結果、聡は日に日に変化していったのである。
　では、TOSSメモを使う利点は何だったのだろうか。

> TOSSメモは「書き言葉（第一言語）」である。

　これに対して「話し言葉」は「第二言語」であり、目に見える書き言葉の方がわかりやすいのだ。
　自閉症の子には特に効果的だということも知られている。
　書き言葉の良さには次の4つが考えられる。
　これはすなわち、TOSSメモが特別支援対応に適している理由でもある。

> ① 目に見えるからわかりやすい。
> ② 記録を残すことができる。
> ③ 整理・分析することができる。
> ④ 冷静な対応ができる。

　④の「冷静な対応」であるが、メモを書くためには必然的に子どもの話を聞かなければいけなくなる。
　トラブルがあったと聞くと、ついイライラしたり、カッとなってしまうこともあるが、まずは「聞く」という姿勢をつくることで、「叱らない対応」ができるようになった。
　①～③についてはすでに述べてきたのでここでは省略する。

(7) 対応を終えたら「記録」完了
　聡のトラブルが起きるたびにTOSSメモが活躍した。
　振り返らせたり（A）、どれだけ努力がたまったか可視化したり（B）、先の見通

「気になるあの子」を成長させる！
TOSSメモ活用の特別支援　Ⅱ

A．振り返り

B．努力の蓄積

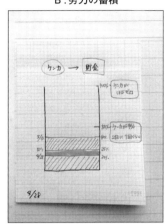

しを持たせる（C）ことに使った。ここで大事にしたことは、2つである。

C．先の見通し

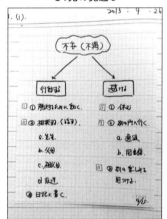

> ①トラブルをトラブルで終わらせずに、必ず成長を見つける。
> ②その上で、自分の非を理解させ、悪かったところは謝らせる。

TOSSメモを使うことで、良かったのは次のことである。

> 「対応」と同時に「振り返り」が終わり、「記録」も完了する。

　すべてのことが同時に終了するのである。これは大きな時間短縮になった。あとはTOSSメモを整理し、貼り替えて分析していくだけである。
　この分析を聡自身に見せ、以前の自分と比べてどれだけ成長しているかを話したこともあった。
　聡の成長をまとめたのが次ページの表である。
　このような対応を1学期間続け、夏休み前までに聡に関することだけで100枚のTOSSメモを書いた。この積み重ねは大きかった。
　4〜6月のトラブルは合計23回あったが、3学期の1〜3月の3カ月間はなんとト

日付	メモの数（枚）	聡の変化
5/16	16	初めて「違う考え（相手の立場）」を受け入れた。
6/5	36	自分から経緯を説明できた。
6/6	37	ケンカを自力解決した。
6/18	57	ケンカのトラブルがなくなった。
6/28	77	メモを使って振り返ることが減った。
7/4	84	4〜5月と同じ「ボール片付け」のトラブルが発生。しかし、今回は謝罪して解決できた。
7/10	90	7月初旬に小さなトラブルが続いたが、そのトラブルが消え、思いやりの言葉が増えた。
7/18	99	大掃除でスポンジをみんなに譲って、一人雑巾がけをした。
7/19	100	今まで自信がないことや恥ずかしいことからは逃げていたが、パーティーでは歌って笑いをとった。

ラブルは0回だった。

　現在、聡は5年生になり、私も担任を離れているが、新しい担任の元でも大きなトラブルはない。「要支援」という報告も一度もない。

　TOSSメモで関わった1年間の積み上げが、聡にも大きなものであったことを改めて感じている。

(8) TOSSメモを使えば数値で把握でき、説得力が倍増する

　TOSSメモを使う良さはまだある。次の2つの記述を比較してほしい。

> ①　聡はよくトラブルを起こしていましたが、最近はほとんどなくなりました。
> ②　聡は1学期に23回のトラブルを起こしましたが、3学期には0回になりました。

　圧倒的に②の方が説得力がある。学級の子どもたちにも②のように話した。
「聡君は1学期によくケンカをしてましたよね。何回トラブルがあったと思いますか？（間を置いて）23回です。そのトラブルが3学期には何回になったと思いますか？（間）0回です。」

　そう言った瞬間、驚きの声が上がった。その日が誕生日だった聡は、照れながらもうれしそうな表情で聞いていた。

　同じように職員会議でも数値を入れて報告した。私は聡の変化をすべてメモの枚数と関連づけて把握していた（上の表参照）。

　具体的な報告はインパクトがあったようだ。

II 「気になるあの子」を成長させる！ TOSSメモ活用の特別支援

⑼ TOSSメモは2枚以上でさらに威力を発揮する

書いたTOSSメモをどう使うか。書いた記録は何回も活用できる。

> ①その時　②帰る時　③翌日

私は聡の良いところやがんばりを見つける度に書きながらほめ、帰る時にも見せてほめ、次の日の朝にもメモを見せてほめる。
「昨日はちゃんと謝れてえらかったよね。今日もがんばろうね。」
そんな声がけをするだけでも良いスタートが切れるからだ。気になる子ほどほめるチャンスは少ない。
だからこそ1回のチャンスを何度も活用する必要がある。
さらに効果的になるのは、メモが2枚以上になった時である。

> 同じようなメモを2枚見せる。

こうすることで、「前にできたことが今回もできた」ということを強調できる。
【成功体験蓄積型】のほめ方である。

> 正反対のメモを2枚見せる。

前はできなかったけど、今回はできたという時に使える。対比することで、成長の度合いをより強調することができる。
【対比強調型】のほめ方である。
このように記録を蓄積することで、ほめ方にも厚みが増してくる。

⑽ 過去メモは成長の足跡である

6月以降ほとんどケンカをしなくなっていた聡が、半年ぶりにキレて大暴れした。
聡を抱きかかえて少し落ち着いたころにこう話した。

> 先生、ちょっと前のメモをとってくるからここで待っててくれるか？

1学期の記録ノートを取りに戻った。記録ノートには200枚を超えるTOSSメモが貼ってある。
ページをめくりながらケンカのあった日を振り返っていった。

■6月18日。ケンカ3日連続なし。
「3日なしだって。このころからずっとケンカしてないよなぁ。」
■5月10日。聡が宏と給食後にトラブル。聡は認めない。
「あったなぁ。覚えてる？　どちらが先に片付けるかでもめたんだよね。」
　TOSSメモに書いた記録を読みながら話していると聡も自然に笑顔になった。なぜ聡は笑顔になったのか。

> ほめた事実の記録＝成功体験

　トラブルの時も必ず成長した点をみつけてほめ、記録していた。いつしかそれが小さな成功体験の足跡になっていた。
　自分がどうやってトラブルを乗り越えてきたのか振り返るのだから、自然と答えは見つかる。
　この十分後には聡から報告があった。「先生、謝りました！」と。

2 「不登校傾向の子」の不安を解消したTOSSメモ活用対応術

　教室には様々な「困難」を抱えた子どもたちが存在する。
　ここで紹介するのは次の困難さを抱えた子どもである。

> 正義感が強いがうえに友達関係で悩み、ストレスを抱える子。そのストレスが強くなりすぎると、不登校状態になることがある。

(1) ストレスを可視化する

「先生、大変です‼　孝司君（仮名）が勝君（同）になぐられました。」
　そう言いながら業間の終わりに男子2人が駆け込んできた。3時間目は専科の音楽。午後からは授業参観も控えている。昼休みには多少準備もしたい。さて、どこで指導しようかと考えた。
　殴った勝は「要支援」と引き継ぎを受けた子だった。
「それで勝君はどうしたの？」
「どこかへ走って行きました。」
　衝動的にどこかへ逃げてしまったのかと思っていたが、どうやら音楽室にすでに行っていることがわかったので安心した。こちらは後から対応することにした。
　まずは、教室に戻ってきた孝司に事情を聞くことにした。もちろん、手には

TOSSメモ。事の次第を一通り記録したのが写真上のメモである。

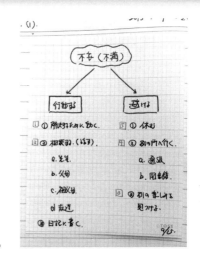

次は孝司のケアも必要だった。それが写真下のメモである。孝司とこんなやりとりをしながら書いていった。

「孝司君、よく我慢してくれてるよね。前に勝君に嫌なことされてもぐっとこらえてたもんな。最近、聡君とケンカになる？　ならないよね。本当ならもっと大きなトラブルになるところを孝司君がぐっとこらえてくれてたから、その間に先生が勝君とあれこれ話すことができたんだ。おかげで勝君のトラブルが減ったんだよ。ありがとうね。でもね、ストレスもたまっちゃうでしょ？」

そう聞くと「うん」と孝司はうなずいた。

> 例えば、これが100％だとしたら今のストレスはどれくらい？

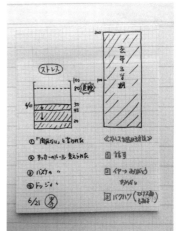

図を描きながら聞いた。孝司は「50％ぐらい。」と答えた。

念のため、もう一つ聞いてみた。

「そうかぁ。いっぱい我慢してくれてるんだね。もう一つ聞いて良いかな？」

> 去年、学校に来にくくなったことがあったよね。あの時はどのくらいだったか教えてもらってもいい？

なんと200％だと言う。

「そうかぁ。しんどかったんだね。」

> ところで、今は50％なんだけど、どのくらいになったらやばいっていう感じがする？

「80%ぐらいかな。」
と孝司。それらを全部図に書き込んでいった。
「どんなことがストレスになってるの?」
日々の遊びでのルール違反がほとんどだった。大きなトラブルではなく、安心した。

> じゃあ、どうしたらこのストレスを減らせるかな。

そう言って、3つの方法を考えた。

> ① 誰かに話す。親、先生、友達。
> ② 嫌なことを感謝に変える。
> ③ 思い切って爆発する。

あれこれ話した後、聞いてみた。

筆者「ストレスが少しは減った?」
孝司「はい。」
筆者「どれぐらいになった?」
孝司「45%ぐらい。」
筆者「そうか。少しでも減って良かった。」

その後、音楽から戻ってきたので話を聞こうとすると、勝が謝ってくれたという。
勝もほめ、一緒に振り返りをして終わった。
帰る前に聞くと、ストレスは20%だと言っていた。
これからも何度かこういうやりとりが必要かなと思っている。

(2) 不安要素を解消する4段階

不定愁訴と言えば良いのだろうか。
昨年度、不登校傾向だった孝司の遅刻、早退、欠席が2学期になって目立ち始めた。1学期は何事もなく過ぎたが、ここに来て出始めた。
さて、どう対応するか。私はTOSSメモを使って次の4つのことを行った。

> ①不安を言語化する。
> ②不安をTOSSメモで分ける。

> ③不安に軽重をつける。
> ④1つずつ対処法を考える。

　もちろん、最初からこの4段階を考えていたわけではない。
　孝司のこれまでの様子から考え、私なりの仮説を立てていただけだ。

> 　孝司は漠然とした不安を抱えているが、はっきりと認識していないため、その不安が大きくなり、そこから逃れようとしている。

　だから、次の方針を立てた。

> 　孝司の不安を見える形にすること。

　この日の孝司の訴えは、「昨日の陸上大会に風邪気味でも出てがんばったので、体が疲れているから4時間目で帰りたい」だった。孝司が自分で言ってきたのだから、それは受け入れてやろうと思っていた。そのことを伝えた上で話をした。
　孝司は目の前の不安からただ逃げ出したくて言っているような気がしたからだ。

> 　目の前の不安から逃げることはあっても良い。
> 　でも、その不安の多くは先送りされるだけで、その壁は高くなるばかりなんだよ。だから、不安に立ち向かうことが大切なんだ。

　そう前置きしておいて、本題の「学校での不安」について話をした。
　今までは「少ししかない」と言っていた孝司だが、今回は5人の名前を挙げた。何が嫌だったのかも聞いた。今まで聞いたことがない話が次々と出てきた。明らかに今までとは違う。
　「そのこと、去年（不登校になった時）、話した？」と聞くと、「お母さんには」と答えた。初めて母親以外の人間に伝えたのだ。
　「すごい！　去年できなかったことができてるじゃない！　こんな風に話すのも解決のための大事な行動だからね。もう、このことはほとんど解決したようなもんだよ！」

> 　5人の名前を書いたTOSSメモ5枚を渡し、それに「気になること」を書かせた。

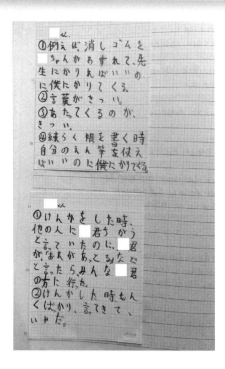

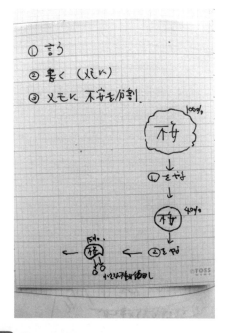

　孝司はしばらく一人で書き続けた。もう帰る時刻が迫っていたので、今日やったことの意味をイメージ図を描きながら話した。

　「最初はモヤモヤッとした不安があったんだよね。でも、孝司君は何が嫌なのかを詳しく言えたよね。これで不安の中身がはっきりしたんだ。最初の不安を100％としたら、これは何％ぐらい？」

　孝司は「40％」と答えた。

　「そうか、40％になったんだ。良かったね。」

　さらに今度は次のことを行った。

> ５つの不安に「軽重」をつける。

　５つの不安のうち、２つは「軽」だった。孝司が「軽」とした「不安メモ」は、違うページに貼り替えて見えない状態にした。

　「学校での不安が５つあることがわかったよね。そのうち特に気になるのは３つだということもわかったよね。あとの２つの不安は小っちゃいからとりあえず置いておけばいい。こうすると問題がはっきりしたよね。随分と不安がはっきり、小っちゃくなったんだ。これで何％ぐらい？」

　「15％」と孝司。

　「随分、小っちゃくなったんだね。明日はこの続きを話させてくださいね。気になることについてどう考えたり、どう行動したりすれば良いか決めていけば不安はもっと小っちゃくなるからね。」

「気になるあの子」を成長させる！
TOSSメモ活用の特別支援 II

翌日は、残った3枚のメモを見せながら、聞くことから始めた。

> 今日はどれを考えようか？

選択させることが大事だと思った。そこに主体性が生まれるからだ。

今日は3番目に不安な宏（仮名）が指名された。気になることを挙げ、それに対してどう考えれば良いか、どう対処すればよいかを一緒に考えた。

考えたことはピンクのTOSSメモサクラに書いていった。名案が次々と浮かぶわけではない。でも、この「不安を一緒に消そうとする」作業そのものに何か意味があるのだと思った。一緒に「行動」していることに意味があるのだと。

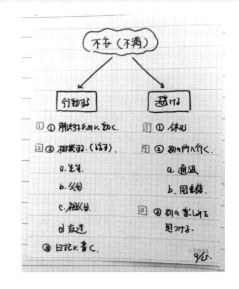

最後に不安を解消するためにはどんな方法があるのかTOSSメモに書きながら教えた。これも基本的には問いながら書き進めていく。

> 不安や不満を解決するためにはどうすればいいと思う？

孝司は思いつくままにあげていった。

孝司「休む？」
筆者「そうだよね。不安なんだから休むのも1つの方法だよね。他にはどんなのがある？」
孝司「相談する？」
筆者「良い方法だね。相談にはいくつかあるんだけど、誰に相談する？」

こんなふうにして次々と出させていく。大事なことはこれだ。

> 良い方法も悪い方法もすべて出させる。

不安を解消するためのいろいろな手段を知っている方が良い。

その上で次のことをする。

> 方法に順位をつける。

「どれも不安な気持ちを楽にさせてくれるんだけど、良い方法と悪い方法があるんだ。一番良くないのはどの方法だと思う？」
　そう聞けば「休む」とほとんどの子は答えるだろう。孝司もそうだった。
「そうだよね。学校を休めば気持ちは楽になるけど、その分、勉強はできないからついていけなくなっちゃうかもしれない。」

(3) 一日の終わりに不満を言ったらほめる!?
　孝司には毎日終礼の後に私の所に来るように言った。

> 　　もしも嫌なことがあったら先生がほめてあげる。

「え!?」と孝司は小さな声を上げた。それはそうだ。普通なら「嫌なことがなかったら」とするだろう。私の場合は逆なのだ。
「なぜかわかるかい？　だって嫌なことがあったのに、途中で『帰る』なんて言わずに1日過ごせたんだよ。これって立派じゃない。成長でしょ？　だから、ほめるんだよ。」
　そう話すと、孝司も納得したようだった。孝司に関するTOSSメモは2週間で35枚にもなった。プラスのメモがマイナスのメモを10枚以上、上回っている。私の考えた仮説でいけば「小さな変化」が起きる時だ。
　その孝司の先日の日記にこう書いてあった。

■昨日、帰りの会の時、先生から、「明日、台風のえいきょうで学校休みです。」と言われた。みんなびっくりした。僕は、人生初の休校だった。みんな喜んでいた。でも僕はいやだった。僕は今日行かないと次の日も休みたくなるからだ。保育園でも、一日休むと、次の日も、その次の日も行きたくなくなっている。休んだとしても、なまけ虫にいつ勝つかだ。僕は、何度も負けているから、明日はぜったい勝ちたい。あっそれと先生のお家は大丈夫でしたか？　僕の家は、まどガラスがわれて、大変でした。

「なまけ虫にいつ勝つか。」

「気になるあの子」を成長させる！TOSSメモ活用の特別支援 II

　この日記を読みながら心の中でガッツポーズをした。自分の心の弱い部分をこんなふうに表現できるだけでも大きな大きな進歩である。
　そればかりでなく、「勝ちたい」と書いている。「逃げる」のではなく「勝つ」という選択肢を選んでいる。
　そういう選択肢を選べるようになったのだ。こういう前向きさは2週間前には見られなかった。そしてついに「今日は嫌なことが特になかった」と初めて言った。
　どうしてうまくいったのか。その理由を考えてみた。

① 不満を直接消しに行かなかった。

　去年の状況を聞く限りは、孝司の出す不満をどうにかしようと動いていたのだろう。だが、結局、不満の原因は次々に変わっていくだけだった。
　孝司も不満をため込んでいく傾向が見られた。今年は1つ1つの不満を消そうとしていない。不満をはき出すこともプラスに評価した。
　こう考えたおかげで孝司がどんなに不満を出してもほめ続けることができた。

② 不満の解消法を一緒に考えた。

　孝司の基準で考えると不満はいくらでも生まれる。自分にも人にも厳しいのだ。
　同じ出来事が起きても自分の見方によってずいぶん印象は変わる。
　日々起きる不満に対してどう考えればよかったのかということを毎日放課後に一緒に考え続けた。
　孝司の不満そのものを「解決」するのは大変である。相手も呼んで話をしなければいけないからだ。些細なことが原因なので、必ずしも相手に謝らせてすっきり解決ともいかない。だから、「解決」ではなく「解消」を選んだ。
　自分の見方を変える（＝自分を変える）ことで不満が消えたり、楽しくなったりすることを教えた。自分の見方を変えるだけだから孝司一人がいれば良い。
　不満をため込む傾向のある孝司にはこのような「考え方」「解消法」を教えることも必要だと思い、ずっと続けてきた。

③ 必ずほめた。

　不満を言うだけでほめた。その解消法を一緒に話すだけでほめた。
　○を10個書き、ほめた数だけ塗っていった。目に見える形でもほめ続けた。

> ④ 関わり続けた。

　あれこれ書いたが、結局は関わりの数なのだと思う。
　私にとって一緒に話をし、メモに残すというのは具体的な「行動」である。あれこれ悩むよりも、こうやって行動し続けた時の方が明らかに良い結果が生まれる。

⑷ 次のトラブルを予想させる
　安定してきた孝司に対して最後にやったことはこれだ。

> また学校に行きたくなくなる時が絶対に来るからね。次はいつ頃来そう？

　次のトラブルの時期を予想させるのである。
「今が10月だから、11月頃かな？」
「いや……来年の1月です。」
「え！　そんなに先でいいの？」
　こんなやりとりをし、TOSSメモに書く。そしてTOSSノートに貼って取っておくのである。

> 　トラブルはまたやってくる。けれどそれは成長のチャンス。1つ1つ超えていけば良い。

　次のトラブルが来る時期を予想させるのは、このような思いがあるからである。

III 子ども調べ学習の革命！「TOSSメモ調べ学習」

TOSSメモ活用で生まれる新たな教育実践（社会科編）

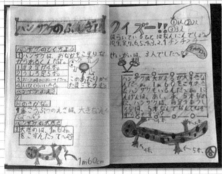

1 できない子ができるようになる! キーワードは「収集」と「整理」

向山塾で2つのことを向山氏から聞いた。

> 知的生産の技術を教師自身が身につけることの大切さ。
> 子どもたちに知的生産技術を身につけさせることの大切さ。

『知的生産の技術』の著者・梅棹忠夫は、研究者としての視点から次のように考えた。

> 　研究者としてはごく日常的な問題だが、たとえば、現象を観察し記録するにはどうするのがいいか、あるいは、自分の発想を定着させ展開するにはどういう方法があるか、こういうことを、学校ではなかなかおしえてくれないのである。　　　　　　　　　　　　　　　　　　　（『知的生産の技術』p.3）

学校教育（特に小学校）ではどうだろうか。
　観察や記録のやり方はおそらく教えている学級が多いだろう。カード化されている場合も多く、その書式に従っていけばどの子も書くことができる。
　一方、「発想の定着」「展開」はどうか。おそらく何もしていないに等しいだろう。できる子しか身につけていかない状況が生まれているはずだ。他の子はそれを見よう見まねでやるしかない。

> すべての子に知的生産技術を身につけさせる。

そのためには何が必要か。それは「具体的な方法」である。
　観察や記録のやり方が教えられるのは、カードのような具体的な方法があるからである。
　だが、「発想法」に関しては確固たるものがない。KJ法は有名であるが、それを授業で「使いこなせる」教師となるといったいどれぐらいいるだろうか。
　実は、この知的生産技術を考える上で大きなヒントとなるコメントを向山氏からもらった。

> 　論文を書ける子供たちの誕生　それは　事実の断片をすべて拾い集め　それを構成　組み立てることができるから　①すべての断片の収集　②構成　組み

子ども調べ学習の革命！「TOSSメモ調べ学習」
TOSSメモ活用で生まれる新たな教育実践（社会科編）

> 立て　この２つの難題を解決したのがTOSSメモ　新しい　高度な授業の誕生だ

このコメントですべてが説明できる。

「２つの難題」を一度にやらせようとするから子どもはできないのだ。作文も読書感想文も調べ学習も、「自由に描かせるだけの絵」も全部一緒だ。その結果、子どもたちは作文大嫌い、絵を描くのが大嫌いという状況を生んでしまう。

逆にこの「２つの難題」を分けることができれば、多くの子が救われるということでもある。有名なところでは、梅棹忠夫の「こざね法」や川喜田二郎の「KJ法」がそうだ。思いつくままにカードに書いていき、あとからそれを組み立てていく。

TOSSが進めてきたものでいえば何といっても「分析批評」だろう。分析の視点を持たせるのは「断片の収集」であり、そうして集めた情報をもとに組み立てていけば１つの論ができあがる。

「型を与えた作文指導」も似ている。型があるので組み立ての心配は減る。型に当てはまるように情報を収集していき、型の中に流し込めばOKである。これなら子どもたちも書けるのである。

「酒井式描画指導法」も同じである。１つ１つ部分を完成していき積み上げていくと、いつの間にか素晴らしい絵ができあがっている。

これらはすべて「２つの難題」を１つずつに分けたからこそ、作文や絵の苦手な子たちが「できた！」と喜べるような実践になっているのである。

2　子ども調べ学習の革命！TOSSメモ調べ学習

向山氏から「子ども調べ学習の革命」と賞賛された実践を紹介する。
４年社会科「水のゆくえ」の授業である。

(1) 授業の概要

社会科の調べ学習でTOSSメモを使わせた。「水のゆくえ」の単元の学習である。手順は以下の通りである。

> ①　調べてみたいことをTOSSメモの上部に１〜２行で書かせる。
> ②　その下に調べたことを書かせる（難しい場合には②→①にした）。
> ③　似たTOSSメモを組み合わさせる。
> ④　リーフレットにTOSSメモを貼らせてレイアウトを考えさせる（リーフレ

ットは大きく4分割されているので4つのことを載せられる)。

(2) TOSSメモを使う利点

　この調べ学習を通して「TOSSメモの良さ」を4つ感じた。

　　第一に、マス目があるから良い。
　　第二に、小さいから良い。
　　第三に、枚数で数えられるから良い。
　　第四に、レイアウトを試行錯誤できるから良い。

　第一の〈マス目〉について。
　メモをするだけなら付箋でも良さそうなものだ。
　しかし、マス目の有無は4年生の子どもたちにとっては大きな大きな差だった。マス目があるから子どもたちはバランスよく書ける。
　それを実感したのは、清書用にまっ白な紙を渡した時だ。TOSSメモにはきちんと書けていた子も、白紙だとうまくバランスが取れず、小さすぎる字になったり、ぎゅうぎゅうに書いたりしていた。
　なぜ、通常は「ノート見開き2ページ」にまとめさせるのか、その必然性もよくわかった。小学校現場では、この「マス目」があることが、付箋と比べた時の大きなアドバンテージになると感じた。

　第二の〈小ささ〉について。
　サイズが「小さい」ことは単に持ちやすさに関係するのではない。
　この「小ささ」が「やる気」を生み出すのだ。「小さい」から書けそうな気がする。「小さい」からすぐに書き終えられる。「小さい」からいくつも書ける。1つ書けたら次も書けそうな気がするからだ。「書くのが苦手な子」ほど、この「小ささ」がいいのだ。
　教師の視点から見てもこの「小ささ」は良い。1つ書きあげる度にほめることができる。内容の蓄積とほめ言葉の蓄積が同時に、頻繁にできるのである。
　メモという性質上、必然的に何枚も書くことになる。
　だから、**第三の良さ**〈枚数で数えられる〉が生まれる。
　メモは小さいので子どもたちはどんどん書いていく。
　「この1時間で、みんなで何枚書けたか数えますね。」と言っておくと、子どもたちは張り切って取り組んだ。調べ学習1時間目にはほとんどの子が少ししか書けなかったが、2時間目には合計で60枚を超える枚数を書けるようになった。

子ども調べ学習の革命!「TOSSメモ調べ学習」
TOSSメモ活用で生まれる新たな教育実践(社会科編)

「書く量」の目安を伝えられることも大きい。私はリーフレットとTOSSメモのサイズを比べて、「最低でも4枚、できれば8枚」と子どもたちに伝えた。

《4枚》なら書いてある内容を増やすか、図や絵を付け加えていけば紙面を埋めることができる。順序を入れ替える体験もできる。《8枚》ならTOSSメモを並べるだけで紙面を埋め尽くせる。あれこれとレイアウトを考えることができる。そして、《8枚以上》あれば、内容によって取捨選択もできるのである。こうした「目安」を子どもたちに話せるのも「枚数で数えられる」からこそである。

第四の〈レイアウトの試行錯誤〉だが、これがTOSSメモを使う最大の利点だ。

TOSSメモをどう配置するか試行錯誤できるのである。いきなりノートの見開き2ページに書かせていた時には、大きく2つのパターンに分かれていた。

| A　いきなり書き始めていくパターン。 |
| B　レイアウトを決めてから書き始めるパターン。 |

ほとんどの子がAのパターンだった(実際には頭の中で操作しているのかもしれないが、見た目ではAだった)。

Bのようにあれこれレイアウトを考えてから書くのは、絵の得意な子に多かった。

リーフレット用の画用紙にTOSSメモを貼らせて持ってこさせた。

ここが一番知的なところであり、子どもの実力が見えた気がした。

| メモとメモをくっつけて持ってくる子。 |

これはメモ同士の「つながり」が見えている子だ。きちんとカテゴリーが作れているのだ。一方、1枚1枚はしっかり書ける子でも、この「つながり」が見えてない子も結構いた。

| メモの配列を考えている子。 |

これはほとんどいなかった。ただ適当にTOSSメモを並べただけの子もいた。

「つながり」は作れてもそれを「どういう順番で並べるか」まで考えた子はいなかった。したがって、子どもたちが持ってきたものをその場で理由も言いながら組み替えてみせることになる。「あぁ、そうかぁ」と子どもたちはつぶやいていた。

こうしたことがはっきりとわかるのがこのTOSSメモの良さである。

(3) 写真で見るリーフレット作成の流れ

　さて、この実践は2年前の実践であるが、TOSSメモに関する研究を進めてきた今なら、また少し違った見方をすることができる。

| ポイント①　Q＆A方式でどんどん調べ材料を蓄積させている。 |

　自分の調べてみたいこと、つまりQをTOSSメモに書かせている。
　Qの書かれたTOSSメモを増やしていき、調べ学習に入る。
　この段階で子どもたちの頭の中には「自分への問い」が入った状態である。
　つまり、自分が何を調べたいのかがわかった状態になっているということなのである。だから、一気に皆、調べ学習モードに突入できる。

| ポイント②　なぜTOSSメモだと子どもたちはたくさん書けるのか？ |

　これは脳科学と関連させながら分析することができる。

| ①　作業興奮を生みやすい。
②　報酬系が刺激されやすい。
③　ワーキングメモリに優しい。 |

　まず「作業興奮」についてはすでに述べてあるので省略する。
　次に「報酬系」という観点でも説明できる。「1枚書き上げた」というのはうれしいので、報酬系がはたらくことになる。1枚を書き上げるのにかかる時間はそれほど長くはない。短時間で「書き上げた」という成功体験が続き、報酬系を刺激し続けるということになる。
　「ワーキングメモリ」も似たようなことだが、1枚ずつに分かれているので集中がしやすい。また、1点集中してやるのはワーキングメモリにも優しい。
　さて、上には書いてないがまだ大切なことがある。

| ポイント③　リーフレットという「フレーム（枠）」に情報を流し込む。 |

　この実践がなぜ良いのか。それは、向山氏の言う「①すべての断片の収集」「②構成　組み立て」という「2つの難題」をTOSSメモで分割したことだ。
　とにかく自分の調べたいことをTOSSメモに次から次へと記録していく。これは

子ども調べ学習の革命！「TOSSメモ調べ学習」
TOSSメモ活用で生まれる新たな教育実践（社会科編） III

メモを貼り付けて構成を考える　　　メモの内容を清書用紙に写す

リーフレット完成

誰にでもできる。そして、似た内容のTOSSメモはくっつけて1つにしておく。これもほとんどの子はできる。

　このリーフレットは全部で4つのパーツから成り立っている。つまり、4種類の情報を入れられるということなのである。

　今度はどこに何を配置するかだけを考えれば良い。これもまたすべての子ができる。

> 「調べてまとめる」という難題がTOSSメモを使うことで、誰でもできる課題に変わる。

このことが非常に重要なのである。

3　「TOSSメモ学習システム」を提案する

(1)「TOSSメモ学習システム」の条件

　TOSSメモを使った「学習システム」はどのようなものが良いのか。この問題を考える大きなヒントがある。『教育トークライン』2014年8月号の巻頭論文である。

> その子に、「学ぶ方法」を身に付けさせることなのである。その方法は、シンプルでなければならない。その方法は、毎回繰り返されなければならない。

それは、自分でできるものでなくてはならない。　　　　　(p.5-6)

つまり、「学ぶ方法」を身に付けさせるための条件は3つにまとめられる。

① シンプルである。
② 毎回繰り返せる。
③ 自分でできる。

「TOSSメモ学習システム」を創っていくなら、これにもう1つの条件が加わる。

④ TOSSメモの特徴を生かした方法である。

これを前提に、ここでは3つの学習システムを提案する。

(2) TOSSメモの特徴

TOSSメモの特徴を2つだけあげるとすればこれだ。

① 安全に保存できる。
② 自由に組み合わせ（貼り替え）られる。

「保存」と「自由」という相反する要素を同時に満たす貴重なツールである。
それを可能にしたのが、TOSSメモ3つの特徴である。

A　のり　　B　ミシン目　　C　カバー

ノートは「保存」には適しているが、自由に入れ替えられなかった。
メモや付箋は「組み合わせ」には適していたが、保存の面で心許なかった。
TOSSメモはこれらのツールの長所を併せ持つ。TOSSメモの登場によって、知的生産の可能性が大きく広がった。さらに、TOSSメモには次の特徴もある。

③ TOSSノートと同じ薄い罫線の方眼が入っている。

方眼ノートであることで、整えて書きやすくなる。また、論理的な思考がしやすくなる。方眼の良さは『頭がいい人はなぜ、方眼ノートを使うのか』（高橋政史著、

子ども調べ学習の革命！「TOSSメモ調べ学習」
TOSSメモ活用で生まれる新たな教育実践（社会科編）III

かんき出版）に詳しいので、ここでは省略する。

TOSSメモにはTOSSノートと同じ方眼が採用されている。

だから、TOSSメモに書いたことをそのままTOSSノートに貼り付けてまとめていくこともできる。つまり、手間が省けるようになったのである。

(3)「進んで調べる」学習システム
①シンプルな方法で仕組みを作る

「情報確認の自主的学習までシステム化できる」と向山氏が考えていたのがKJ法である。このように「学習のシステム化」という視点で考えたのが、TOSSメモでの「進んで調べるシステム」である。やり方はとても簡単である。

> ① TOSSメモに質問（調べたいこと）を書かせる。
> ② 質問（調べたいこと）の下に赤線を引かせる。
> ③ 答えを調べさせ、下の余白に書かせる。

たったこれだけのことだが、子どもたちは次々と調べ始めた。もう少し具体的に紹介する。社会科見学に行く前には次のように指示をした。

> ① 質問したいことを書きなさい。
> ② その下に赤線を引きなさい。
> ③ 答えが分かったら下に書きなさい。

子どもたちは驚くほど積極的に質問をしていた。質問時間以外にも自分から次々に質問していた。

②シンプルなので他教科にも転用できる

この方法は簡単な上に、他の教科にも応用できる。

国語の慣用句の単元でも活用した。これも「調べ学習」の1つである。

> ① 教科書から調べてみたい慣用句を3つ選びなさい。TOSSメモ1枚に1つ書きなさい。
> ② その下に赤線を引きなさい。
> ③ 慣用句の意味を調べて下に書きなさい。

　あとは手放しで大丈夫だった。3つ調べ終えた子は、4つめ、5つめと自分でTOSSメモに書き込み、調べていた。「進んで調べる」学習システムが入っていた証拠である。

③ノートではなく、TOSSメモに書かせる利点

　この実践は本当にTOSSメモでなければいけないのか。ノートでもいいんじゃないのか？　そんな考えが一瞬自分の頭の中にも浮かんだ。
　それでもあえてTOSSメモを使ってみてわかったことがある。

> なぜ子どもたちは自分から進んで調べたのか。

考えられることはいくつかある。

> ① 調べてみたい内容だったからか。
> ② やることがはっきりしているからか。
> ③ メモが増えていくのがわかるからか。
> ④ できそうなものから調べられるからか。

　しかし、これだけでは足りない。この4つの特徴はノートにメモさせても同じだからだ。

> ノートと比べてTOSSメモを使う利点は何か。

次の6つを考えた。

> ① 赤線1本で答えの欄ができる。　② 1つのメモに集中できる。
> ③ 問題を選択しやすい。　　　　　④ 答えを端的に書く意識が生まれる。
> ⑤ メモが増えていくのが実感できる。⑥ 貼り替えられる。

子ども調べ学習の革命!「TOSSメモ調べ学習」
TOSSメモ活用で生まれる新たな教育実践(社会科編)

　この中で①は向山実践をヒントにしている。4年生「水」の社会科の授業の中で、向山氏は「正しい答えを書く欄」を書かせている。この記述からヒントを得た。

　予測した後、正しい答えをノートに書くことを教えているのだが、この「欄」を作るのが意外と時間を消費する。

　TOSSメモに書くのは、「1枚に1つのこと」が原則である。だから、枠が作ってある状態と一緒だ。赤線1本で質問と明確に分けるだけで答えの欄が作れる。

　②はノートとの大きな違いである。同じことを書いていくにしても、ノートは「連続」しているのである。それに対してTOSSメモは、1枚1枚が「独立」しているのである。独立しているお陰で1枚のメモに集中しやすい。

　③は、②とも関連する。ノートは「連続」しているので、前から順に調べていこうとする意識が生まれる。それに対してメモは「独立」しているので、順番を気にしないで済む。いざとなれば順番を入れ替えることもできる。

　④は、TOSSメモの特徴が生きている。「限られたスペース」と「方眼」の2つである。

　⑤は、ノートが埋まっていくのと似ているが、子どもたちにとっては「メモが増える」ことの方が実感しやすいのではないかと思っている。

　⑥は、TOSSメモ最大の利点である。一度書いたものをそのまま利用できるのである。子どもたちは書き写す手間が省ける。そして、「組み合わせ」や「分類」によって新たなものを生み出すことができる。

> 情報カードに比べてTOSSメモを使う利点は何か。

　調べ学習の際に「情報カード」に書いてほしいと図書館司書からお願いされたことがあった。

　右図はインターネット検索で見つけた「情報カードの書き方」である(甲南高等学校・中学校HP http://www.hs.konan-u.ac.jp/lib/literacy/card.html)。

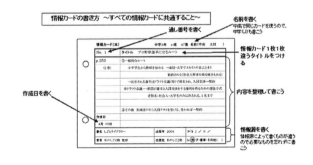

　この情報カードではいけないのだろうか？　TOSSメモと比較しながら考えてみる。

　TOSSメモと比べて、情報カードの良さはいくつかある。

> ① 枠を書く手間がいらない。
> ② テーマや出典など書く項目が明記されている。

逆にTOSSメモの方が良い点もある。

> ① たくさんの項目を書く必要がない。
> ② 方眼があるので書きやすい。
> ③ 貼れる。

　方眼があるだけで子どもには書く量が「限定的」に見える。無地だと一見自由なようだが「無限大」にも見える。書く量の目安ができると言っても良いかもしれない。
　情報カードは枠も項目も書いてあり便利だが、貼れない。情報カードを広げていると風で飛ばされたこともあった。サイズも大きく、まとめていく作業も一苦労であった。
　TOSSメモならそんなことは起きない。メモ同士を簡単にくっつけることができ、それによって「つながり」も表現することができるからである。
　以上のような理由で、調べ学習にはTOSSメモの方が適していると考える。ノートや情報カードと比べてみてわかったことはこれだ。

> 　のりのおかげで貼ったり、貼り替えたりできる。

　このことがやはり最大の特徴なのである。

④なぜシステムが機能したのか
　なぜ、子どもたちはすぐに方法を理解できたのか。それは、「学ぶ方法」を身に付けさせるための4つの条件に当てはまっていたからである。

> ① 赤線を引くだけのシンプルな方法である。
> ② どの教科でも「調べる」学習になら繰り返し使える。
> ③ 簡単なので自分で進めていける。
> ④ TOSSメモの「貼れる」という特徴を生かしている。

　同じ視点で別のシステムも考えてみる。

子ども調べ学習の革命！「TOSSメモ調べ学習」
TOSSメモ活用で生まれる新たな教育実践（社会科編）

⑷「調べる方法を考える」学習システム
　①調べる方法を「書き込む」から「貼り替える」へ変換する
　向山氏の社会科実践に、5年生「工業地域」と4年生「水」の授業がある。この2つの授業には、共通する「学び方のシステム」がある。

> 　調べる方法を考えさせる。

　『授業の知的組み立て方』（明治図書）の中に、「水」の授業の第1時の記録がある。その最後の部分に、向山氏はこう記している。

> 　以上が、私の社会科第一時間目の記録である。どのように学習システムを作ろうとしていたかの分析は次に。　　　　（『授業の知的組み立て方』p.72-96)

　向山氏はこの時の「学習システム」を7つの「要素」で組み立てていた。その6番目が「水道の水はどこからくるかを調べる方法を考える」だった。
　なぜ、調べる方法を考えさせることが大事なのか。

> 　調べる方法はいっぱいある。「このことについて、調べていらっしゃい」と教師が言うのは無責任だ。多くの子は調べ方が分からない。どう調べたらいいのか、教えなくてはならない。　　　　　　　　　　　　　　　(p.103)

　調べ方がわからないから調べられない子がいるのだ。
　では、実際の授業で向山氏はどのように指示しているのか。

> 　調べられると思ったものは、どこで、どのように調べられるのか。たとえば、家で本で、図書室で辞書でとか、今、星さんが言いましたが、比べれば分かるとか、そのようにどのように調べるかそこに書いてください。　　　(p.90)

　これをTOSSメモで行うならどうするか。調べたいことを書いたTOSSメモ1枚1枚に書き込ませる方法もあるだろう。しかし、次のような方法もある。

> 　調べ方で分類させる。

　TOSSメモの最大の特徴は「貼り替えられる」ことだ。

実際にメモを動かしながら、「これは図書館の本で調べよう」「これは辞書の方がいいな」と分類していけば良いのである。「1枚1枚に書く」という作業が「メモを動かして貼る」という作業に変換できるので、子どもの労力は大幅に軽減される。意見の変更も簡単にできる。メモを動かすだけだからだ。

図書館に行って調べる時には、まず「図書館で本で調べる」というカテゴリーにあるTOSSメモから調べていけば良いことになる。焦点を絞れるのだ。

ノートに箇条書きしていたのではこうはならない。書いた順番に見ていく「検索」の段階が必要であり、新たなページに調べたことを書くという新たな手間が増えてしまう。TOSSメモを使うことでより効率の良い学習が可能になるのである。

②班の人の意見もスムーズに聞けるシステム

ただし、これだけでは足りない。向山氏はさらに詰めている。

> それぞれのノートには、自分で調べられないと思ったものがいくつか残っていますね。それは、自分で考えたことですね。本当に調べられないのかどうか、班の人の前で発表してみて、班の他の人の意見を聞いてみてください。(p.91)

TOSSメモで「調べ方で分類」させておけば、自然とどのカテゴリーにも入らないものができてくる。これを班の他の人に見せて聞けばいいのである。

TOSSメモを使った「進んで調べる」システムと「調べる方法を考える」システムを使うことで、子どもたちの調べ学習は一層スムーズにできるはずである。

③「ほめる」ことで子どもの創意工夫を引き出す

ただし、見落としてはいけない部分がある。この後、向山氏は次のようなこともしている。

> ① 調べる方法を発表させ、どの方法もいいとほめる。

② 次の時間には何で調べたかを紹介する。
③ 水道局に行った子などを出させ、応対のしかた、お礼の言い方を教える。お礼のしかたは必ず教える。できたら葉書を書かせる。
④ 新しく考え出した他の方法などをとりあげ、それを紹介する。

ここまでやって「調べる方法、情報を集める方法をきちんと教えていく」と言えるのである。子どもたちに自由に発表させ、ほめて終わりではない。
子どもたちの動きをとりあげて教えたり、さらにほめたりしているのである。

> 「叱る」ことによって、活動を促すことはできる。しかし「ほめる」ことによって活動を促すこともできる。しかも「叱る」ことによって「創意工夫」が生まれることはないが、「ほめる」ことによっては「創意工夫」が次々と作り出される。「ほめ上手な先生」のクラスでは、次々と面白く、すばらしい活動が展開されるのである。　　　　　（『学級を組織する法則』p.44）

ここに書かれているとおりである。向山氏が子どもたちの具体的な動きを取り上げ、ほめているからこそ子どもたちの学習の質が次々と向上しているのである。
TOSSメモを使って終わりなのではない。このような原則もあわせて使って初めて効果が倍増するのだということを忘れてはいけない。

⑸「まとめる」学習システム
①難しい「分解した要素を組み合わせる」手続き

「TOSSメモ学習システム」で最大の問題は、「1つ1つの要素を取り出す手続き」ではない。その「分解した要素を組み合わせる手続き」の部分である。これを「総合」と呼ぶ。ここで向山氏の『教育トークライン』2014年8月号の巻頭論文を再び引用する。

> 例えば、小学校6年の歴史の授業の復習をするとしよう。次のことを何も見ないで書かせる。
> 1　何時代の勉強でしたか。
> 2　大切な言葉「キーワード」を5つ書き抜きなさい。
> 3　その1つ1つのキーワードについて、100文字以内で説明しなさい。
> 　これは1つのシステムである。

吉永順一氏はTOSS－SNSダイアリー（2014年7月18日「わかった！」）の中で、この論文を分析している。吉永氏によれば、「2」が「要素を分解する手続き」であり、「3」が「総合」にあたる。
　1つのキーワードを100字以内で説明するという「作業」を通して、「要素と要素のつながり」が自然と見えてくる。そして「全体」も見えてくるのである。
　どの子にもできるようにするには、このような「思考の作業化」が必要である。
　作業をしているうちに自然と「総合」できている。そして、この「作業」は当然ながら、TOSSメモの特徴を生かす必要がある。

②「総合」させるための作業
　では、総合させるために、どのような「TOSSメモ学習システム」が必要なのだろうか。
　向山氏は5年生社会科「工業地帯」の授業の中で、次の指示を出している。

> ⑤「カードを机上に出して、似ているものを集めなさい。」5分位
> ⑥「グループに見出しをつけなさい。」5分位
> ⑦「グループごとにまとめて、表をつくりなさい。カードをノートにはってもいいですし、ノートに　直接書いてもいいです。」〈冷害・漁業についで三回目であるので、作業は早い〉〈いかなる角度からのグループ分けでも良いことになっている。〉
> ⑧「途中の人も少しいますが止めなさい。何人かの人に発表してもらいます。」4人ほど発表する。
>
> （『向山洋一年齢別実践記録集』第16巻 p.20）

　これはKJ法である。「カード」を「TOSSメモ」に変えるだけでそのまま通用する。私も3年生の子どもたちに社会科の時間に実践してみた。

> 1　似ているメモを集めなさい。

　机上には見学先で書いたメモがたくさん置かれた。似たものを集めるのはそれほど難しくなかった。TOSSメモなら風で飛ばない。KJ法のようにカードを集めることも簡単にできる。こざね法のようにつなげることも自由自在である。

> 2　グループごとに見出しをつけなさい。

III 子ども調べ学習の革命！「TOSSメモ調べ学習」
TOSSメモ活用で生まれる新たな教育実践（社会科編）

これも思ったよりも難しくなさそうだった。似たものを集めるという作業をしている時点で思考しているからだろう。ここで一つ工夫をした。

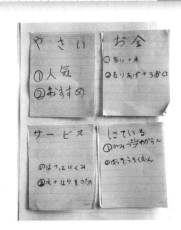

> 見出しはピンクの「TOSSメモさくら」に書かせた。

色を変えることで一括りにしたことが意識できると考えたからだ。

ここで、向山実践では「グループごとにまとめて、表をつくりなさい」となっている。ここが「難しい」と感じた部分だ。だから、ここでも「さくら」を活用した。

> 3 下のメモを見なくても内容がわかるように見出しの下に内容を短く書いてもらいます。①、②……というように箇条書きしなさい。

TOSSメモは手のひらサイズの大きさがある。見出しだけではなく、内容を書き込めるだけのスペースがある。こうすることで、さくら1枚にグループの内容がまとめられた。ここまでやれば白のTOSSメモは重ねてしまい、その上にさくらを貼ってしまって良い。あるいは白のTOSSメモは捨てて、さくらだけにしても良い。

向山学級の橋本優子さんがKJ法でまとめた資料がある（『向山洋一年齢別実践記録集』第16巻 p.46-47）。大きな見出しがあり、その下に小さい項目がまとめられている。TOSSメモだけを使って、この橋本さんのノートに近い形でまとめられたのではないかと考えている。

橋本さんはさらに1つ1つの見出しを矢印で結んでいる。矢印の先は「8. 調べること」という項目につながっている。何をどうやって調べるかを一目でわかるように表しているのである。

私の実践ではここまでできなかったが、矢印で結ぶことは教えられそうである。次の

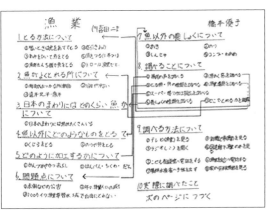

実践ではこの部分も追試する。

③見開き2ページにまとめさせる

　TOSSメモさくらにまとめた後、どうするかである。様々な方法があるが、私の場合はこうした。

> 　見学して見つけたことを見開き2ページにまとめる。

　見開き2ページにまとめさせた意図はこれだ。見開き2ページにまとめさせることで、自分の獲得した知識を取捨選択することになる。言い換えるとこうだ。

> 　情報を取捨選択する作業をさせることを通して、再度、自分の中に情報を「くぐらせる」。

　齋藤孝氏はこの情報を「くぐらせる」ことで情報が活用できる形になるのだと主張している。授業では、私は次のように指示をした。

> 　自分がノートまとめに載せたい順番に、ピンクのメモに①、②、③……と番号を振りなさい。

　記事は3～4つぐらいが適当だと言った上で選ばせた。
　完全に取捨選択を任せなかったのは、情報が少ない子もいたからである。
　また、捨てずにたくさん詰め込んでしまう子もいるかもしれないと考えたからである。まとめると、子どもたちは以下の3つの「くぐらせる」作業をしてきたことになる。

> ①　KJ法によって似たものをまとめる。
> ②　グループに名前をつける。
> ③　情報に優先順位をつける。

　情報を3回自分の中に「くぐらせ」たことで、前回のノートまとめの時よりも迷わずにノートまとめに入る子が多くなった。
　まとめさせる際に意識したのはこの2つだ。

III 子ども調べ学習の革命!「TOSSメモ調べ学習」
TOSSメモ活用で生まれる新たな教育実践（社会科編）

ビジュアルにまとめているように見えるが、情報量は少ない

TOSSメモで情報を整理したことで、情報量が格段に増えたことがわかる

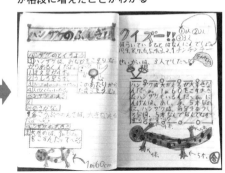

TOSSメモで情報を整理

ノートにまとめる

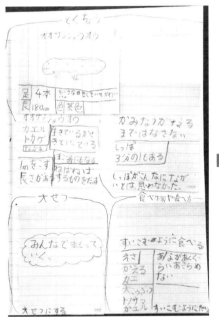
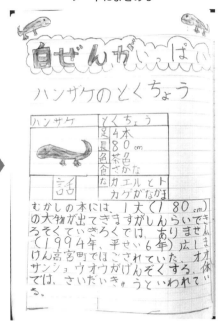

① 基本的には子どもに「丸投げ」をする。
② 少しでも良いまとめ方をしている子を取り上げ、全員の前でほめた。

子どもたちは驚くほど意欲的に取り組んだ。2ページの情報量が増えた。そして、次々と新しいアイディアを出してきた。

その中で矢印を書いてまとめる子や表（らしき物）にまとめる子が出てきた。
そうした子たちをほめることで、次々と真似する子が出てきた。こうした繰り返しで少しずつ「まとめ方」を身に付けさせていくようにするつもりである。

4 OECDの調査から考えるTOSSメモの可能性

OECD東京センターのホームページを見た。
TOSSメモ、TOSSノートの可能性について考えるためだ。
「ニュースルーム」の中に、2015年9月15日付けで次のようにあった。
〈学校で技術利用の潜在性を引き出すためにも新しいアプローチが必要〉

> 既に教育におけるICTに大きな投資をした国でさえ、PISAの読解力、数的リテラシー、科学的リテラシーの成績に目立った向上は見られませんでした。

ICT（情報通信技術）に投資するだけでは、学力は向上しないということだ。
それどころか、次のような結果もわかっている。

> 概して、学校で多少コンピューターを使用している生徒のほうが、ほとんど使わない生徒に比べて成績もいくらか良い傾向が見られました。しかし、学校でコンピューターを使うことが非常に頻繁である生徒に関しては、逆に成績が比較的悪いという結果も見られました。

これはどう考えれば良いのだろうか。1つ考えられるのはこれだ。

> コンピューター使用が「手段」ではなく、「目的」になっている可能性がある。

つまり、コンピューターという新しいツールを「コンピューター操作の習得」に重点が置かれるあまり、肝心の「学習内容の習得」がおろそかになっていたのではないかということだ。考えてみれば、これは自然なことだ。まずはコンピューター操作を習得しなければ、学習に参加できないからだ。
限られた授業時間の中で、効果的にコンピューターを使っていくには、教師の力量（コンピューターの操作の力量だけでなく、授業の力量も必要）が必須である。
しかし、そのような力量を持った教師がどれだけいるだろうか。
そう考えると、上の結果は納得できる。

子ども調べ学習の革命！「TOSSメモ調べ学習」
TOSSメモ活用で生まれる新たな教育実践（社会科編） III

> 知識へのアクセスを劇的に拡大させることができる唯一の手段がテクノロジーであるが、テクノロジーを上手く使い結果につなげるには、各国はより効果的に投資し、その変革を最前線で企画実施するのが教師であるという図式を確実にしなければならない。

　これはアンドレアス・シュライヒャーOECD教育・スキル局長の言葉である。
　インターネットを思い浮かべればわかる。ネット上にはもの凄い量の情報が飛び交っている。しかし、その情報は玉石混淆であり、自分が本当に知りたい情報を得るためには、たくさんのスキルを必要とする。
　私が教師2年目の時だった。社会科の学習で、インターネットを使った調べ学習をさせたことがあった。当時はまだインターネットが普及し始めた頃で、子どもたちにとっても目新しく、喜んでネット検索をくり返していた。ところが、1時間経ってもめぼしい資料は見つからない。それならばもう1時間、2時間……と調べ学習の時間は増えていった。それでもなかなか子どもたちは資料にたどり着けなかった。
　今ならその理由がよくわかる。インターネット上にはたくさんの情報がある。キーワードで検索すれば瞬時に結果を表示してくれ、図書館で本を探すよりもずっと簡単そうに見える。しかし、これが大きな勘違いだったのだ。
　インターネットで調べ学習をするためには、たくさんの情報の中から必要だと思われる情報を「抽出」し、「理解」「評価」しながら読み、「活用」することが求められる。これは、PISA型読解力で求められている力と同じである。しかも、2003年の調査では、日本の生徒は「テキストの解釈」「熟考・評価」が苦手であることがわかっている。
　そうした弱点を放っておいて、コンピューター操作（ここで言うならネット検索の仕方）だけを教えても、子どもたちができるようにはならないということは明白である。必要なのは「テキストの解釈」「熟考・評価」などの力をつけることであり、そのことにも触れられている。

> 　本報告書によると、社会経済的背景に関係なくほとんどの生徒がコンピューターを利用しているにもかかわらず、恵まれない生徒と恵まれている生徒のデジタル能力の学力差は、従来のペーパー版PISA読解力テストの成績の差と非常に似通ったものでした。つまり、デジタル能力の格差を縮小するためには、各国は教育そのものの格差改善に真っ先に取り組むことが必要であるということです。

この記事の中で「全ての子供が読解及び数学において基礎レベルの習熟度に到達することを確実にすること」の大切さについても触れられているが、上述した理由からもその意見に賛成である。

　日本の生徒が苦手と言われてきた「読解」の力を向上させるにはどうすれば良いのか。そこで登場するのが「TOSSメモ」「TOSSノート」である。

　特にTOSSメモは、読解力を高めるための授業を実現するツールになると考えている。TOSSメモを使えば、情報の「収集」「分類」「結合」「構成」などを作業化して教えられる。しかもコンピューター操作のような特別な知識はいらない。必要なのは筆記用具とTOSSメモだけである。

　TOSSメモを使った授業を開発していくことは、日本の生徒の「読解力」を上げることにつながる。そして今回の調査結果からもわかるように、それが「デジタル能力の格差を解消」することにつながり、「今日のようなグローバル社会で必要とされる能力を全ての生徒に提供」することにもなっていくはずである。

5　アクティブ・ラーニングの視点で分析する向山実践「工業地域の分布」

⑴「育成すべき資質・能力」と「ぎりぎりの学習内容」

　向山氏の社会科「工業地域の分布」の授業と文科省教育課程部会の資料（平成27年8月5日「教育課程企画特別部会　論点整理のイメージ（たたき台）」以下引用）を比較しながら読んでいる。

文科省【育成すべき資質・能力「三つの柱」】
　1　何を知っているか、何ができるか（個別の知識・技能）
　2　知っていること・できることをどう使うか（思考力・判断力・表現力等）
　3　どのように社会・世界と関わり、よりよい人生を送るか（人間性や学びに向かう力等）

　次期改訂の視点は、子供たちが「何を知っているか」だけではなく、「知っていることを使ってどのように社会・世界と関わり、よりよい人生を送るか」ということであり、知識・技能、思考力・判断力・表現力等、学びに向かう力や人間性など情意・態度等に関わるものの全てを、いかに総合的に育んでいくかということである。

　知識や技能を獲得すれば良いという時代ではなくなる。獲得した知識や技能をど

子ども調べ学習の革命!「TOSSメモ調べ学習」
TOSSメモ活用で生まれる新たな教育実践(社会科編)

のように使うのか。使うことで周りとどのように関わっていくのか。
そうしたことまで考えられている。
一方、今から遡ること36年前。昭和55年の向山実践はどうだったのだろうか。
向山氏は「ぎりぎりの学習内容」を次のように定義している。

> **向山実践【ぎりぎりの学習内容】**
> 　授業の中で、児童に獲得させるべきものがあると仮定して、それを「学習内容」とする。
> 　授業は、あるものを媒介として行われる。それを「教材」とする。(従って教材は、教師が準備したものだけとは限らず、ある種の形があるものとは限らない。〈黒板に書かれた、5×3=□の式も教材である〉)
> 　児童が教材を媒介として、学習内容を獲得する活動を「学習」とする。(教師が、学習内容を獲得させる活動が「教授」である)
> 　「学習」が成立するためには、粗く分類して次の3つのことが児童に必要である。
>
> 1) 教材を理解する力
> 2) 自己の内部情報を対応させる力
> 3) 教材を応用していく力

ここまで1つ1つの言葉がきちんと吟味されて書かれた指導案を、私は他に見たことがない。
そして衝撃だったのが、次の例示だった。

> **本授業に例をとる。**
> 　1)' 示された資料の数値、要件がわかることである。説明されてわかることである。
> 　2)' 示された資料、事象に対する理解は、自分の体験・内部情報をもとにされる。内部情報を対応させていく力も必要となる。
> 　3)' ある資料、ある事象を一般化して考えたり、応用して考えていく力のことである。

1)'は「個別の知識・理解」である。
2)'は「思考力・判断力・表現力等」にあたる。

3)′はその延長線上にあるが、一般化し、応用して考える力を身につけさせることにつながる。それは「人間性や学びに向かう力等」と重なる。

36年前の向山氏の主張と、現在話題になっているアクティブ・ラーニング等の考え方とはほぼ一致していると言える。

⑵「思考・判断・表現」と「KJ法による自己学習システム」

アクティブ・ラーニングの中核をなすのは、「思考力・判断力・表現力等」である。

【思考・判断・表現】
① 問題発見・解決に必要な情報を収集・蓄積するとともに、必要となる新たな知識・技能を獲得し、必要な知識・技能を組み合わせて構造化し、それらを活用しながら問題を解決していくために必要となる思考。
② 必要な情報を選択し、解決の方向性や方法を比較・選択し、結論を決定していくために必要な判断や意思決定
③ 伝える相手や状況に応じた表現。
（文科省教育課程部会資料 p.9より引用　①〜③の数字は太田）

向山実践では、この部分でKJ法が登場する。

驚くのは、それが児童の「自己学習システム」として取り入れられていることだ。

【KJ法による情報収集・構成のシステム】
①内部情報をカードに書く。
②親和性のあるカードを集めグループ化する。
③カードを構造図にあらわす。
④収集した情報を検証するための問題をつくる。
⑤検証するための資料を書く。
⑥資料をさがしだす。
⑦確実な情報をもとに仮説を考える。
⑧仮説を検証する。

どれぐらいの子ができるのか。

向山氏は次のように書いている。

①〜③までの作業は大変にかんたんである。5番男児を除いた全員ができる。

子ども調べ学習の革命!「TOSSメモ調べ学習」
TOSSメモ活用で生まれる新たな教育実践(社会科編)

⑤⑥⑧も大半の子ができる。④ができない子が1/6ほどいる。そして問題は⑦である。概括することができる子が約2/3。仮説化できる子が2名、不充分な子を含めても約半数である。したがって、情報を(A)概括すること、(B)仮説化することも授業で育てるべき能力であると思われる。

この「概括」「仮説化」を向山氏は大きく括って「分析・総合」という言い方もしている。この「分析・総合」の部分が一番弱いのだが、それがどれだけすごいのかは次の調査と比較するとよくわかる。

文科省【情報活用能力の調査結果】
　小・中学生対象にコンピュータを用いた情報活用能力調査をH25.10〜H26.1にかけて実施した結果である。

　児童(小6)の情報活用能力に関する傾向
　　○整理された情報の「読み取り」
　　▲複数の情報からの「選択」と「関連づけ」
　　▲情報の「整理」と「解釈」
　　▲受け手の状況に応じた情報発信

これを向山学級の5年生と比較してみる。

課題は「分析・総合」の能力
　○「収集」「分類」「構造化」
　▲「分析・総合」(「概括」「仮説化」)

ウェブページの読み取りか紙の資料の読み取りかという違い、設問の違いなどはあるが、明らかに向山学級のレベルの高さを感じる。

現代の子どもたちは整理された情報の読み取りはできるが、それ以外の部分、まとめて言うなら「情報の活用」が苦手なのである。

この文科省の調査では、授業内容が子どもの実態に反映されることもわかっている。教師としてできることは、「情報の収集」で終わらずに、得た情報をどう「活用」していくかということまで教えなければならないのである。

これは、新学習指導要領の方向性とも一致している。

⑶ 問いを立てることの重要性

　文科省から国立教育政策研究所の資料にたどり着き、面白い記述を発見した。『平成24年度プロジェクト研究調査研究報告書』の中にゲシュタルト派の心理学者のヴェルトハイマーの言葉が引用されている。

> 　思考とは「視覚的なものから出発して、それが徐々に論理的に組織づけられる方法をさがしていくということ、すなわち問題解決の仕組み、過程である」。
> 　　　　　　　　　　　　　　　　　　　　　　　　　　　　（『生産的思考』）

　そして、思考力を育む研究開発学校等の教育実践を分析すると次の共通点も見つかったという。

> 共通点は、「思考とは問いの生成である」ことの重視。
> 　（勝野頼彦（2013）「教育課程の編成に関する基礎的研究報告書5　社会の変化に対応する資質や能力を育成する教育課程の基本原理」、『平成24年度プロジェクト研究調査研究報告書』p.97）

　思考をする上で「問い」の存在は重要だと考えていたので、とても興味深かった。驚くことに、同じような記述が向山氏の指導案の中にも登場する。

> 【調査（検証）・確認】
> 　グループ化した情報を確かめたり、落ちている部分を補充するためには、「問題をどうたてるか」がわからなければならない。

　この一文を読んで、すぐに前述の橋本優子さんのかいた構造図が思い浮かんだ（本書 p.91）。たしかにあの構造図の中に「問題をたてた」ことが見てとれるからである。

⑷ 「討論」と「異なる意見を認める」ことがなぜ大切なのか

　アクティブ・ラーニングのポイントとして、向山氏は「討論」と「異なった意見を認める」ことの2つをあげている。
　なぜそれらが大事なのか。
　これも36年前の向山氏の指導案の中から関連するところを探してみた。

子ども調べ学習の革命！「TOSSメモ調べ学習」
TOSSメモ活用で生まれる新たな教育実践（社会科編）

> 〈討論〉の授業の経験はまだない（私の場合、子どもだけによる課題追求的な論争を意味している）。

「討論」という言葉の意味もこのように書かれている。「課題追求的な論争」なのである。
「異なる意見を認める」ことに通じるのは、以下の部分である。

> 向山実践【多様な価値観があることを教える理由】
> ①　「条件Aによる結果B」を考えるとき、「条件A」を制御しにくい。ふつうは多くの条件Aが作用する。
> ②　立場・視点によっていくつかの見方が可能となる。
> ③　小学生には、いろいろな見方や判断を「批評」するという力がない。

ここでは社会科の視点から書かれているのだろうが、社会科という枠を超えても大切なことである。
では、文科省の資料ではどのように記述されているだろうか。

> 文科省【アクティブ・ラーニングと３つの視点】
> ①　習得・活用・探究という学習プロセスのなかで、問題発見・解決を念頭に置いた深い学びの過程が実現できているかどうか
> ②　他者との協働や外界の情報との相互作用を通じて、自らの考えを広げ深める、対話的な学びの過程が実現できているかどうか
> ③　子供たちが見通しを持って粘り強く取り組み、自らの学習活動を振り返って次につなげる、主体的な学びの過程が実現できているかどうか

①はまさに「討論」がそれにあたる。
②は「討論」を通して「異なった意見を認める」ということだが、その理由は「自らの考えを広げ深める」「対話的な学びの過程」の実現である。ただの言い争いではないということだ。
向山氏の指導案の①②と対応するが、③の視点が足りない。自分の意見を訂正する「批評」の力が弱い小学生だからこそ、「討論」を通してそれを身につけさせていくという視点は必須である。

⑸ 「学び合い」も「問題解決学習」もアクティブ・ラーニングとは呼べない

　「討論」でなくとも良いのではないか。例えば、「学び合い」や「問題解決学習」も考えられる。そこでも他者との関わりはあると主張する人もいるだろう。

　しかし、ただの「教え合い」では上下関係を生むだけで、先のような自己の考えを「批評」するレベルまでは到達できないだろう。

　そして、最も駄目なのは教師が「何も教えない」ということだ。そのことは文科省の資料でも明記してある。

> 文科省【着実な習得の学習が前提】
> 　なお、こうした質の高い深い学びを目指す中で、教員には、指導方法を工夫して必要な知識・技能はしっかりと教授しながら、それに加えて、子供たちの発言を促したり、気付いていない視点を提示したりするなど、学びに必要な指導や環境を積極的に設定していくことが求められる。そうした着実な習得の学習があってこそ、主体的・能動的な活用・探究の学習を展開することができると考えられる。

　問題を1問だけ与えて解かせたり、話し合わせたりするだけでは、この記述をクリアしたことにはならない。あくまでも「着実な習得の学習」が前提なのである。

⑹ パフォーマンス評価と向山学級の評価

　指導をしたら評価が必要になる。文科省の資料の中にくり返し登場する言葉がある。それが「パフォーマンス評価」である。

　どのような評価なのか。

> 文科省【パフォーマンス評価】
> 　知識やスキルを使いこなす（活用・応用・統合する）ことを求めるような評価方法。
> 　論説文やレポート、展示物といった完成作品（プロダクト）や、スピーチやプレゼンテーション、協同での問題解決、実験の実施といった実演（狭義のパフォーマンス）を評価する。

　向山学級では、この社会科の研究授業の中で、自分たちの調べてきたことを発表している。これなどまさにパフォーマンス評価と言える。同様に、子どもたちが研究授業後に書いた作文がある。「児童作文集『社会科の学習』」（『向山洋一年齢別実

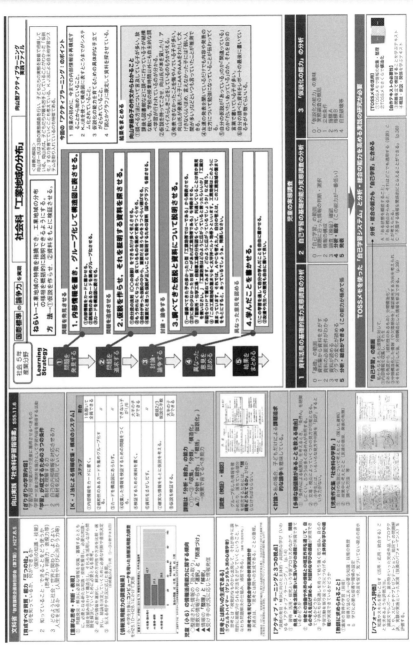

践記録集』第16巻）である。
　ここには次のようなことが書かれている。

> ①　自分の仮説について考えたこと（探した資料）。
> ②　授業中に考えたこと（友達の意見、発表の有無）。
> ③　調べた方法　等。

　これもパフォーマンス評価と言えるのではないだろうか。
　このようにしてみていくと、アクティブ・ラーニングをはじめとする新学習指導要領（に向けて考えられていること）の内容は、向山実践とたくさん一致する。
　いや、それどころか、36年前の向山実践の方が一歩も二歩も先を行っている。
　私が挑戦したいことはただ1つ。
　この向山実践とTOSSメモとをドッキングさせることだ。
　向山学級ならばほとんどの子ができた「自己学習システム」をTOSSメモで再現し、その先の「分析・総合」まで可能にするようなテキストとセットで提案したい。
　それが今の目標である。

6　『思考の整理学』の視点で分析する向山実践「工業地域の分布」

(1) 情報の"メタ"化が連続して行われている授業

　TOSSメモを活用した授業を考える上で、向山氏の「工業地帯の分布」の授業の分析は絶対に外せない。
　向山氏の考えたKJ法活用の自己学習システムは今でも最先端と言える内容だ。その原理・原則を抽出し、TOSSメモ実践に変換することで、新たな実践が誕生してくるのではないかと考えているからである。
　そのためには様々な角度からの分析が必要である。
　今回は、前述の『思考の整理学』（外山滋比古）で学んだことをもとに分析した。
　これまで「KJ法」という観点でしか見たことがなかったこの授業が、『思考の整理学』という別の観点で見ることで、向山氏の主張がつながって見えた。
　向山氏のこの授業を『思考の整理学』の観点から言うとこうなる。

> 情報の"メタ"化が連続して行われ、高度の抽象化が行われている授業。

　『思考の整理学』から引用する。

子ども調べ学習の革命！「TOSSメモ調べ学習」
TOSSメモ活用で生まれる新たな教育実践（社会科編） III

> 　思考の整理というのは、低次の思考を、抽象のハシゴを登って、メタ化して行くことにほかならない。第一次的思考を、その次元にとどめておいたのでは、いつまでたっても、たんなる思い付きでしかないことになる。
> 　整理、抽象化を高めることによって、高度の思考となる。普遍性も大きくなる。　　　　　　　　　　　　　　　　　　　　　　　　　　　　　(p.77)

　この情報の"メタ化"を担ったのがKJ法である。
　詳細は『向山洋一年齢別実践記録集』第16巻に「本時までの流れ」としてまとめられているので、そこから引用する。

> ④　「君達は工場が多く集まっている工業地帯の一角で生活しています。それと関係した多くのことを見たり、聞いたりしているはずです。
> 　　そのことをできるだけ細かく、カードに書き出しなさい。」
> ⑤　「カードを机上に出して、似ているものを集めなさい。」　5分位
> ⑥　「グループに見出しをつけなさい。」　5分位
> ⑦　「グループごとにまとめて、表をつくりなさい。カードをノートにはってもいいですし、ノートに直接書いてもいいです。」(p.20)
> 　　〈冷害・漁業についで三回目であるので、作業は早い〉
> 　　〈いかなる角度からのグループ分けでも良いことになっている。〉

　自分の内部情報を書き出したカードをKJ法で分類、整理し、構造図にまで高める。この過程を通して、「自分の経験」という第一次情報が、整理され、抽象化されて第二次情報にまとめられているのである。
　それも、子どもたち自身が進めていく「自己学習システム」になっていることがすごい。

(2) 発表という「昇華」

　ほぼ全員がその構造図まで到達した段階で「発表」が行われる。

> ⑧　「途中の人も少しいますが止めなさい。何人かの人に発表してもらいます。」
> 　　4人ほど発表する。

　これが『思考の整理学』でいうところの「昇華」だと考える。

わずか「4人ほど」の発表であっても、各自の脳の中では確実に化学反応が起きているはずである。

なぜか。現代の向山学級とも言える「向山一門合宿」での体験からそう考えている。

私はそのことを以前、次のように書いた。

> 一門合宿を思い浮かべた。
>
> 各地の一門の先生たちが、自分のやったことをもとに構造的にまとめたレポートである。それぞれの先生が、その時の限界レベルで書いたレポートは、少なくとも第二次、あるいは第三次と進化したレベルであることは間違いない。
>
> そんな高次の情報が「同じテーマ」で100部以上集まるのである。自然と「比較」が生まれる。自分のレポートにない視点がたくさん飛び込んでくる。
>
> もうこれ以上は書けないという「自分の限界」に達しているからこそ生まれる状態だろう。
>
> 新たな情報が飛び込んでくることで、今まで自分が不可能と思っていたことができるかもしれないと思えるようになる。これが「昇華」ではないだろうか。
>
> レポート検討の時間は合宿のほんのわずかな時間でしかないのに、革命的な変化が起こるのはこの「昇華」のおかげだとも言える。

ここまでが第一段階である。整理すると次のようになる。

> ① 内部情報をカードに書く。【第一次情報】
> ② 親和性のあるカードを集めグループ化する。【第二次情報】
> ③ カードを構造図にあらわす。【第三次情報】
> ④ 4人ほど発表する。【第四次情報】

4つのステップで情報が整理され、抽象化されていくのがわかる。

(3) **「いかなる角度からのグループ分け」でも良いのには理由がある**

ところで、1つの疑問があった。それが次の一文である。

> 〈いかなる角度からのグループ分けでも良いことになっている。〉

自分が指導する立場になって考えればわかる。私ならついつい「より良い分け方」を教えたくなってしまう。しかし、向山氏はそうはしない。

子ども調べ学習の革命!「TOSSメモ調べ学習」
TOSSメモ活用で生まれる新たな教育実践（社会科編）

なぜ「いかなる角度からのグループ分けでも良い」のだろうか。

私の考えた理由は3つある。

1つ目は、一門合宿での経験から分かることである。

一門合宿でもレポートテーマ以外はまとめ方の指定など一切ない。様々な形のレポートが集まってくることになる。そして、そのレポートを見ながら自分でより良い方法を学んでいくのである。だから、どのような角度からまとめてきても良いのだろう。

2つ目は、「様々な角度」があった方がより良いということである。

違う角度からのグループ分けが集まるということは、自分の頭では考えもしなかったアイディアに出会う可能性があるということだ。それらのアイディアが新たな刺激となり、自分の考えと出会うことで醸酵につながる可能性がある。もしも同じ角度からのグループ分けにしたら、こうした刺激も少なくなってしまうということである。情報の質を高めるという観点から考えれば、それはあまりにも勿体ない。

3つ目は、グループ分けという「整理する」作業そのものに意味があるからだ。

子どもたちは整理しながらもう一度カードを見て、様々なことを考えるだろう。これとこれが結びつきそうだというひらめきによって新たな整理が行われ、その過程で自分の思考が抽象化される。このような経験そのものに意味がある。

「同じ角度」にすることで生まれるのは「当てはめて考える」という思考であり、それは「ひらめき」ではない。たった一文の注釈だが、考えてみると本当に奥が深い。

(4) 無駄なく進んでいく導入の3ステップ

順番は前後するが、この単元の1時間目の展開も非常に興味深い。

【1時間目】
① 「教室の中にある工業製品を言いなさい。」
　全員発表する。
② 「教室内の工業製品でないものを言いなさい。」
　（例　金魚、花）子どもたちは夢中でさがす。
③ 「知っている工業製品を言いなさい。」
　電気器具、乗り物など、見ているものが多い。

④ 「君達は工場が多く集まっている工業地帯の一角で生活しています。それと関係した多くのことを見たり、聞いたりしているはずです。
　そのことをできるだけ細かく、カードに書き出しなさい。」

向山氏は明らかに③と④の間を1行空けて書いている。①から③が1つの流れであり、いわば、④のための「助走」になっているのである。

　①の「教室の中にある工業製品」は言いやすい。自分の目に見えるものを「工業製品か否か」と次々と判断していけば良いからである。このくり返しによって、どの子にも「工業製品」の定義がおぼろげに共有化されることになる。

　さらに②が面白い。「仮説を作る」という「教室内の工業製品でないもの」を言うのである。①と同じようなことをやっているようだが、逆を考えることによってより定義がくっきりしてくるはずだ。もちろん、向山氏はそのような定義は聞いてない。ただ、探させ、発表させているだけだ。だからこそ凄さが伝わってくる。

　そして③である。工業製品を探すのは同じだが、今度は教室を飛び出す。今までは自分の目に見えているものから探していた。それが自分の頭の中を探索する活動に変わるのである。教室内のものならみんなが共有している情報だが、頭の中の情報はそれぞれの知識や経験が反映される。同じ5年生でも違いが生じたはずだ。

　このようなステップを踏んで、本題の④に入る。ここでも探索対象は「自分の頭の中」であり、これまでの「知識や経験」が反映される。③の発展型である。

　もしもいきなり④の指示に入っていたら、子どもたちはすっと活動に入っただろうか。きっと戸惑う子たちが少なからずいるはずである。そうしたハードルを下げる役目を担ったのが①〜③の指示であり、そのステップが非常に興味深いのである。

(5) 仮説作りまでくり返し行われる情報の"メタ"化

　さて、いよいよ第2段階の「仮説づくり」である。

【3時間目】

⑨　「君達が住んでいる工業地域（京浜工業地帯）で見られることは、多くの工業地域でも見られます。そこで、自分流の法則（どこでもあてはまること）を考えてもらいます。
　　次の文を参考にして、自分流の法則（○○の仮説）を、できるだけ多く考えなさい。」
　　　（ア）「〜であれば工業地帯である。」
　　　（イ）「〜であれば工業地帯になりやすい。」
　　　（ウ）「工業地帯であれば〜である。」

　初めてこの実践を知った時、小学生が仮説を考えるなんて信じられなかった。ましてや、それをどうすれば教えられるのか想像もできなかった。向山実践とい

子ども調べ学習の革命!「TOSSメモ調べ学習」
TOSSメモ活用で生まれる新たな教育実践(社会科編) III

うお手本が目の前にあってもである。自分の理解を大きく超えており、手も足も出なかったのである。しかし、『思考の整理学』から「情報の"メタ"化」という視点を得て分析することで、なぜ小学生にも仮説をつくることが可能なのかわかった。

> 「第1段階」の4つのステップで、情報は「第四次」まで整理・抽象化されている。

仮説を立てるのは抽象的な思考が要求される。だからこそ、いきなり聞かれても答えに窮す。そうならないようにするためのステップが第1段階に仕組んであったのだと考えると、向山実践の凄さにただただ驚かされるばかりである。

> ⑩「もう作れなくなった人は、似ているものを集めて表をつくりなさい。後からつけ加えてもかまいません。しかし、本を見ていて考えついたものは絶対にだめです。」
> 〈子どもたちの頭の中にある情報のみを対象にした。従って、本を見たもの、ヒントなどは一切させなかった。〉

仮説づくりの段階でも表を作らせている。これもつい最近まではその理由がわからなかった。しかし、これも「情報の"メタ"化」というキーワードで見れば納得がいく。この作業を通して「自分の考えた仮説」という第一次情報が、第二次情報に高められる。第1段階だけでなく、第2段階でもこのようにステップを踏んで「情報の"メタ"化」が行われていることに驚く。

(6) "メタ"化と内部情報の再構成

ここでもある一文に目が行った。

> 子どもたちの頭の中にある情報のみを対象にした。

なぜ「子どもたちの頭の中」だけなのだろうか。
改めてもう一度、向山氏の圧巻指導案を読み直していって見つけた。

> ① 社会科の授業を支える資料は、(A) 体験資料、(B) 記号資料の2種である。
> ② (B) は (A) をもとにしてのみ理解しうる。
> ③ 授業の中では、(ア) 体験の層を拡大する、(イ) 体験の層を系統化し「意

> 見」「矛盾」を明確にする、(ウ) 分析・整理して〈抽象的理解の層〉を広げることが必要である。(体験とは、直接に経験したことだけを意味しているのではない。) (p.53)

「子どもの頭の中にある情報」とは、つまり「体験資料」である。
一方、「本」や「ヒント」の情報は「記号資料」と言えるだろう。

> 記号資料は体験資料をもとにしてのみ理解しうる。

そう考えると、本という記号資料に出会わせる前に、「第1段階」及び「第2段階」で、(ア)(イ)(ウ)の3つを行っておく必然性があったのだろう。
そして、その方法として向山氏が採用したのがKJ法だったのである。

> KJ法はもともと情報処理・収集の方法である。子どもが自分で情報の確認まですすむような学習システムも必要となろう。
> 更に、体験（内部情報）をもとにして、記号資料（外部情報）を理解するという認識過程の中で見るべき（内部情報の再構成）という視点も必要となる。
> 整理する。私は、KJ法を次のようにとらえた。
> 　ア）　学習意欲を持たせ発表をしやすくする。
> 　イ）　情報確認の自主的学習までシステム化できる。
> 　ウ）　記号資料（内部情報）を理解するという視点から体験（外部情報）を再構成することも大切である。 (p.26)

体験という内部情報を再構成するための段階が、仮説以前の第1段階、および仮説をつくる第2段階だったのだろう。
内部情報の再構成は、『思考の整理学』でいえば「情報の"メタ"化」に当たる。
内部情報を再構成し、情報を抽象化した状態でなければ、「本」という記号資料に出会わせても理解ができなかったということなのだ。
ここまで書いて思いだしたのが、調べ学習での失敗である。
図書館の本やインターネットでいきなり調べさせたことがあったが、子どもたちは丸写しをして終わってしまうのである。まとめることに必死で、本当に理解できたのだろうかと思うこともしばしばだったが、その理由がやっとわかった気がする。

子ども調べ学習の革命!「TOSSメモ調べ学習」
TOSSメモ活用で生まれる新たな教育実践（社会科編）

⑺「仮説3つ」の理由

向山氏は「重要だと思う」仮説を「3つぐらい選びなさい」と言っている。

> 【4時間目（含 図書の時間）】
> ⑪ 「自分が作った仮説の中から、重要だと思うものを3つぐらい選びなさい。」
> ⑫ 「重要だと思った仮説が正しいことを証明してもらいます。（A）何を調べたらいいか、（B）どうやって調べたらいいか書きなさい。」
> ⑬ 「今の時間と次の図書の時間を使って調べます。」
> 　子どもたちは資料集、統計、図会などを調べる。
> ⑭ 「証明するためには資料が必要です。しかし、文は必要ありません。図とかグラフだけにしなさい。」〈文章丸うつしを避けるためである。〉

仮説をつくらせてから資料探しに入る意図は何なのだろうか。
いくつかのことが考えられるが、これも『思考の整理学』という観点から考えてみるとわかったことがある。

> 何かを調べようと思っている人は、どうも欲張りになるようだ。（中略）
> つまり、調べにかかる前に、よくよく考える時間をとらなくてはならない。あまり充分な準備もなしに、いきなり本などを読み始めると、途中で計画の練り直しを余儀なくされたりする。　　　　　　　　　　（p.86）

これはよく調べ学習で失敗するパターンの1つである。
例えば「米作りについて調べよう」という大きなテーマで調べ始めると、何でもかんでも当てはまる上に、自分の興味もはっきりしないので絞りきれない。そのために時間ばかりが過ぎていってしまったことがあった。
だから、「仮説」という探す視点を持たせることは効率よく調べ学習を進めるための方法にもなっているのだと考えられる。
次に、なぜ仮説は「1つ」ではなく「3つぐらい」なのか考えてみる。
この答えとも言える記述がある。

> 「ひとつだけでは、多すぎる。ひとつでは、すべてを奪ってしまう。」（中略）
> ひとつだけだと、見つめたナベのようになる。これがうまく行かないと、あとがない。こだわりができる。妙に力む。頭の働きものびのびしない。ところが、もし、これがいけなくとも、代りがあるさ、と思っていると、気が楽だ。

> テーマ同士を競争させる。いちばん伸びそうなものにする。さて、どれがいいか、そんな風に考えると、テーマの方から近づいてくる。「ひとつだけでは、多すぎる」のである。
> (p.42-43)

　1学期の総合の時間に調べ学習をさせた。米作りについて1人ずつ仮説をつくらせたのだが、その時の仮説は「1つ」だったのである。その結果、どうなったか。
「先生、やっぱり仮説を変えても良いですか？」
　自分の仮説が見つからず、こう聞いてくる子が何人かいたのである。ある子は、見つけた資料に合わせて仮説を書き直したいとも言い始めた。
　これらの事態は「1つ」だったから起きたことだと言える。「3つぐらい」にしていれば、引っかかる情報も増え、子どもたちも最終的に選択できたはずである。
　貴重な失敗経験だった。

⑻ 発問が子どもの限界を超えさせる
　向山氏の指導案の中に本時の「学習展開の予想」が書かれている。その中で注目したのが、向山氏の発問である（ABCDの記号は太田）。

> A 「製鉄所、化学工場、自動車工場の分布図をくらべて、共通していることは何か、意見を言いなさい。」
> B 「工場地帯は、どのように広がっている（どこに広がっている）と言ったらいいですか。」
> C 「工場分布図をO・H・Pで重ねてみます。どのように広がっている（集まっている）でしょうか。」
> D 「この工業地域の集まりを〈太平洋ベルト地帯〉といいます。工業地域はこのように集まっています。それでは、AやCを考えた人、自分の考えは、この工業地域の集まりをもとにすると、あっているでしょうか。発表しなさい。」

　子どもたちに発表させ、その後に上の発問をすることになっている。
　A～Cの発問は、情報を概括させるための発問である。それに対してDは、「太平洋ベルト地帯」という概括され一般化された視点から、自分の仮説が正しいかどうかを検証させるための発問である。
　それまで一貫して子どもの自己学習に任せてきた向山氏が、なぜここでは発問をし、子どもたちに考えさせたのか。それを考えるヒントになったのが、この記述だ（Aは「子どもの内部情報の再構成」、Bは「指導目標」を指す）。

子ども調べ学習の革命！「TOSSメモ調べ学習」
TOSSメモ活用で生まれる新たな教育実践（社会科編）

> 図のA、Bの中にギャップが生じる。
> これこそが、その授業の中で主として授業されることである。
> 児童の今までの学習になかったものであり、しかも現在の力で学習することが可能なものである。
> (p.59)

　子どもたちの自己学習には限界があり、自分達の考えを越えることは難しい。
　指導目標に届かない部分もあるだろう。それを乗り越えさせるのが教師の発問なのである。発問という『触媒』を得たことでこのようにして考えていくと、向山氏の授業行為1つ1つが本当に意味あるものであることがわかる。

7 人物中心の学習を補う「TOSSメモ歴史授業」

　TOSSメモとTOSSノートを使った新たな歴史の授業を提案した。
　それが「TOSSメモ歴史授業」である。

⑴ TOSSメモ歴史授業の誕生

　向山洋一氏から「TOSSメモ歴史授業」と名付けてもらった実践を紹介する。
　簡単に言えば、TOSSメモとTOSSノートで歴史人物の関係図を作り、その時代の特徴をまとめさせる実践だ。
　これは、6年生の3学期に復習として子どもたちにやらせたものである。やり方はとっても簡単だ。好きな時代を選び、その時代を代表する人物を3〜6人程度選ぶ。

> TOSSメモ＝人物とエピソード
> TOSSノート＝関係

　これが大原則である。後は子どもたちに自由に任せた。細かな指導は一切いらない。そうして完成したのが114〜115ページのノートだ。
　最後に評価・評定をすると、子どもたちはさらに熱中した。
　「もう一回やってもいいですか!?」「自学でやってきていいですか!?」
　あっという間にまとめ方も上達していったが、大切なことはそれだけではない。

> 学習の方法を身につけた。

　方法を身につければ自分一人でもできるようになる。だからこそ、「自学でやり

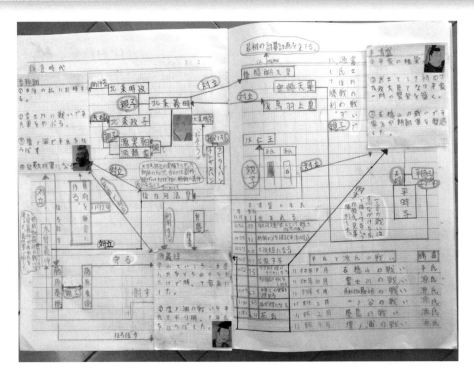

たい」という声につながる。

　TOSSメモを持ち帰り、自学で挑戦してきた子は、クラスの4分の3もいた。子どもたちが書いたノートをカラーコピーして、向山型国語セミナーの懇親会で向山氏に直接見せた。それを見た向山氏は「すごいね〜！」と言い、名刺を取り出した。

　そしてなんと！　子どもたちに向けてその場でメッセージを書いてくださった。

　私が感激したのは言うまでもない。

(2) 小学校の歴史学習を補強する

　小学校で行う歴史の授業は、「通史」ではなく「人物中心」の学習である。

　向山氏は、調布大塚小の時に歴史の研究授業も行っている（詳細は『年齢別実践記録集』第19巻に詳しい）。

　向山氏が行ったのも「人物中心」の授業である。「子どもたちに、歴史に対する関心を持たせ、歴史への意識、学習態度を身につけさせるため」である。

子ども調べ学習の革命!「TOSSメモ調べ学習」
TOSSメモ活用で生まれる新たな教育実践(社会科編) III

研究授業では、資料として「歴史授業の経過資料」も配布されていた。私が注目したのは、子どもの作成した「年表」である。「戦国時代」の学習の前に行われている。この年表作りは何のために行われたのだろうか。

> 「人物中心」が歴史授業の基本型であり、発展学習として「年表作り」が行われたのではないか。

人物中心の良さは確かにある。

しかし、歴史全体の流れを把握するという点では少し物足りなさもある。

だから、人物中心の学習をした上で、このような発展的学習を取り入れたのではないかと考えた。向山学級の児童の作った年表は、ただの事件の羅列ではない。

> ① 人物同士の関係が分かるように線や矢印で結ばれている。
> ② その人物のやったことも簡潔に書かれている。

つまり、歴史の流れや人物同士のつながりが見えるようになっているのである。それだけではない。

> ③ 「口分田」等の説明もある。
> ④ 討論の「賛成・反対」の人数の移り変わりも書いてある。

授業が反映された年表になっているのである。しかし、本当にすごいのはそれだけではない。

> まとめ方も様々である。

　何年かを表す横軸を入れ、年表形式にするのは大原則として統一してあるが、あとは子どもたちによって全く違う。
　この向山学級のノートを見て、我がクラスのまとめもさらに進化した。TOSSメモ歴史授業をさらに発展させていき、向山学級のノートに近づきたい。

8　さらに進化した「TOSSメモ歴史授業」

　TOSSメモ歴史授業を本格的に教室で実践して3ヶ月。どの子もノートまとめができるようにするためにどうすれば良いか追求した結果、さらに進化した「TOSSメモ歴史授業」が誕生した。
　歴史だけに限らず、他の教科のノートまとめにも応用できるのが最大の特徴である。

(1) 秘密はTOSSメモにあり
　TOSSメモの特徴を3つあげるとするならこれだ。

> ①「サイズ」…小さいから「やる気」になる。
> ②「マス目」…マス目があるから書きやすい。
> ③「のり」……何度でも貼ったりはがしたり試行錯誤できる。

　このTOSSメモの特徴が、いつもとは異なる「思考の仕方」「思考の組み合わせ」を「全員」に体感させてくれるのである。

(2) 何時代でも追試可能
　小学校の歴史授業は「人物中心」の授業である。
　その時代を代表する人物を3～6人選んでTOSSメモにまとめていく。完成したTOSSメモは、TOSSノートに配置していく。TOSSメモなら何度でも貼り替え、何度でも思考を繰り返すことができる。
　最後に、余白に「関連情報」を書き込む。
　これが「歴史の流れ」「歴史のつながり」の学習になる。やり方は同じだから、

Ⅲ 子ども調べ学習の革命!「TOSSメモ調べ学習」
TOSSメモ活用で生まれる新たな教育実践（社会科編）

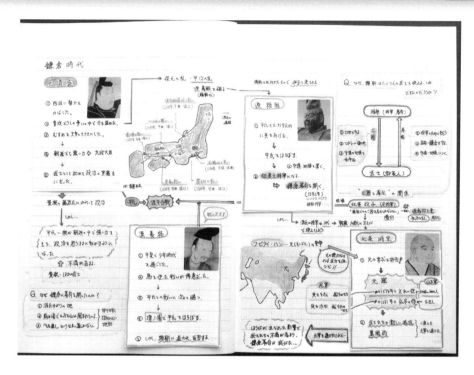

何時代でも追試が可能なのである。

⑶ 4つのステップで完成

どこに人物を貼ったのか。どんなエピソードを選んだのか。どのような線で結んだのか。わずか4つのステップで「子どもの思考の跡」が見えてきそうなノートが完成する。

⑷ 原理は一緒、だから応用も可能

この方法は何も歴史授業に限ったものではない。原理は一緒である。だから、他の教科でも同じようにまとめられる。

TOSS-SNSで向山氏から次のコメントをもらった。

> 全国でやってほしいですね。

この実践はパンフレットになり、東京教育技術研究所から出される予定である。向山先生の言葉を実現させられるよう尽力する。

117

4つのテップで完成します。

① TOSSメモに「人物」をまとめる。

① 人物名を書く。
★ 人物の顔シールを貼ってみましょう。一目で誰なのかわかりやすくなります。

② その人物がやったことを教科書や資料集で調べる。
★ 大事なところはラインを引きながら読んでみましょう。きっとあとから見つけやすくなるはずです。

③ TOSSメモに書き写す。
★ 要約して写しましょう。たくさんの情報がTOSSメモの中にぎゅっと詰まります。
箇条書きと矢印を使ってまとめると見やすさがぐんとレベルアップします。

② TOSSメモをTOSSノートに貼る。

どこに貼るかは自由です。貼り方によって人物同士の関係が見えてきます。残りの余白の数，位置によってまとめ方は大きく変わります。

繰り返すから力がつきます。

③ 余白に「関連情報」を書く。

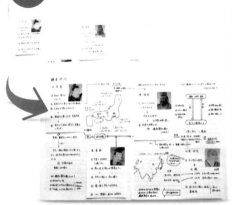

① TOSSメモに書いたことをもっとくわしく書く。
★ TOSSメモに書き切れなかった内容を書きましょう。一緒に絵や図表を入れるととってもわかりやすくなるはずです。

② 人物同士の関係を矢印で書く。
★ 人物同士の関係が見えてくると時代全体の様子がつかめてきます。

③ 授業の問いを書く。
★ みんなで授業中に話し合ったことの中には、大切な内容がいっぱい詰まっています。まずは問いを書けば思考が自然に深まっていきます。

④ 色を塗って完成。

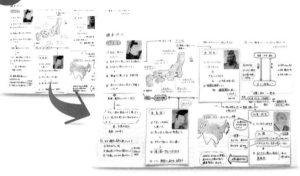

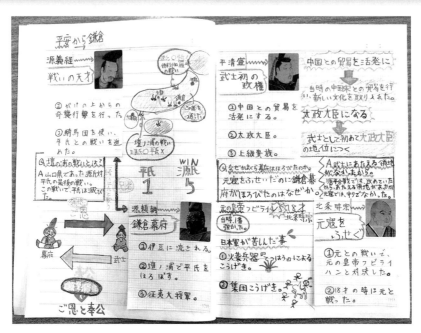

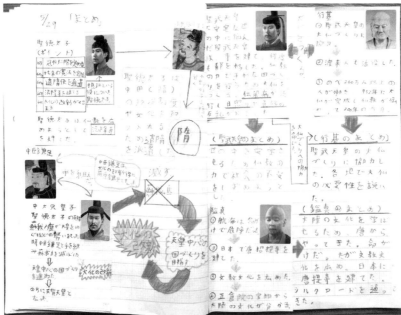

TOSSメモ歴史授業の原理は同じである。だから他の時代でも同じように書いていけばまとめられる

III 子ども調べ学習の革命！「TOSSメモ調べ学習」
TOSSメモ活用で生まれる新たな教育実践（社会科編）

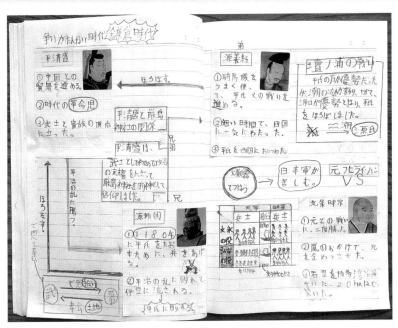

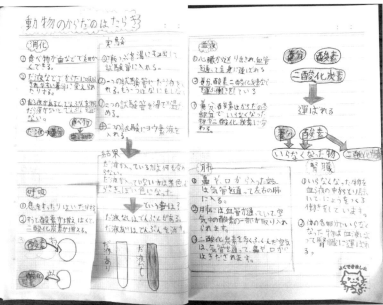

TOSSメモ歴史授業のやり方を理科に応用した。教科書の単元の中に3つの見出しがあったので，それぞれの見出しごとに1枚にまとめさせた。書き切れないところはTOSSメモの外に書いていけば良い

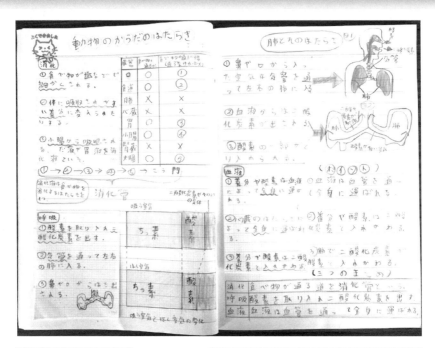

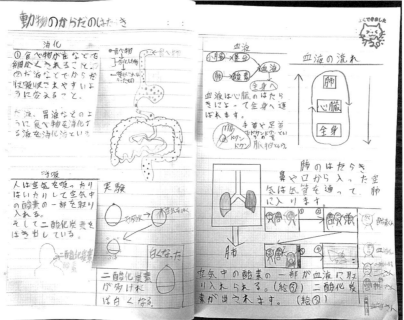

図や表，矢印などが使えるようになってくると，一目でわかるまとめになる

Ⅳ どの子も書ける！「TOSSメモ作文」

TOSSメモ活用で生まれる新たな教育実践（国語編）

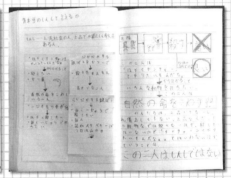

1　どの子もらくらく書けたTOSSメモ作文「夏休みの出来事」

(1) 作文が書けない子は「中」がない

> 遠足に行きました。
> とても楽しかったです。

作文の苦手な子の文章は、このような書き方になることが多い。
その文章構成を「はじめ・中・終わり」で分けて考えるとわかりやすい。

> 「中」のない作文。

書くことが苦手な子の作文

中身のないサンドイッチのようなものだ。文章としても味気ない。では、どうすればこの「中身」が充実するのだろうか。
「もっと詳しく書きなさい。」
これで書けるようになるのなら苦労はしない。
そのヒントはある著書の中にあった。杉山登志郎氏の『発達障害の子どもたち』である。その86～87ページに、「遠足の作文を書きましょう。」と言っても書けない子たちへの対応が書かれている。このような傾向は、特に高機能自閉症の子に多いそうだ。どうすればこの子たちも書けるようになるのか。

> どこが一番楽しかったの？

と聞くだけである。これなら「バスに乗ったこと」のように答えられるのだ。
そして、「バスに乗ったことを作文にしたら。」と言えば、難なく書けるという。

> ①具体的な指示をする。
> ②問いの形で答えを引き出す。

これを作文指導に活かした。

どの子も書ける！「TOSSメモ作文」
TOSSメモ活用で生まれる新たな教育実践（国語編） Ⅳ

(2) Q＆Aで「中」を増やす

小学校3年生2学期の実践である。夏休みの出来事を作文に書き、スピーチする単元である。

「夏休みの思い出を箇条書きしなさい。」

「その中から一番思い出に残っているものを1つ選びなさい。」

選んだ思い出をノートに書かせる。「家族で海に行きました。」程度で良い。これが作文の「はじめ」の部分になる。

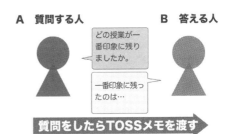

続いて「中」を考える作業である。ここは4人のグループで行った。あらかじめ発表する順にABCDと決めておくと良い。

> ①　Aさんが夏休みの思い出を言う。
> ②　BCDさんはそれを聞いて質問を考えてTOSSメモに書く（1枚1質問が原則）。
> ③　Bさんから順にAさんに質問をしていく。その時、質問を書いたTOSSメモも渡す。
> ④　Aさんは質問に答える。

制限時間を2分程度設け、③〜④を繰り返す。これが1サイクルである。自分では思いつかないことも、質問されると話せるものである。8分後、4サイクルを終えた時には、4人の手元に質問が書かれたTOSSメモがたくさん残ることになる（写真右上）。

これらがすべて「中」の材料になる。ここからがTOSSメモの本領発

揮である。

> TOSSメモを動かして文章の構成を考えさせる。

　質問の項目を見ながら、順番とつながりを考える。関連のある質問をつなげていくと1つのまとまりができる。
　これが「段落」になる。段落も視覚化できるのである（前ページ写真下）。
　最後に「終わり」を書かせれば作文のアウトラインが完成である。

⑶ アウトプットの順番が重要
　重要なのはアウトプットの順番である。
　通常なら「作文」→「スピーチ」となるはずである。
　しかし、この方法は時間のロスが大きい。作文の段階で個人差が生まれるからである。私は、この逆でやらせた。

> 「スピーチ」→「作文」

　新たな準備時間はゼロ。
　だが、子どもたちはノートを見ながらその場ですぐにスピーチすることができた。
　言えたことで書くことのハードルもぐんと下がった。すでに流れがイメージできているからだ。どの子もあっという間に作文が完成した。

⑷ 「あったことを書く」のは自閉症の子も得意である
　「はじめ」の部分はどの子も書ける。
　平岩幹男ドクターの著書『自閉症スペクトラム障害』の中に3行日記の実践があった。

> 　最初はその日にあったことを書きます。高機能自閉症の記憶は、「記憶ではなく記録」といわれることもあるようで、実に細かく書く子どももいます。

　つまり、「あったことを書く」ことはできるのである。
　難しいのは「あったことの感想を書く」という次の段階である。
　かつて担任した子の中に発達障がいが疑われる子がいた。この子の日記を読むとよくわかる。「あったこと」の羅列なのである。ちなみに「質問」を考えさせると、

「いつ」「どこ」「だれ」「何」などの質問が多い。

> 理由を問う「なぜ」はほとんど出てこない。

こういう子にとっては、他の子から質問を受け、「なぜ」と考えたり、他の子がどのように質問に答えるのか見るのはとても良い経験になるだろう。

(5) 会話を続けるトレーニング

平岩ドクターの著書では「会話を続けるトレーニング」についても触れられていた。

> 小学校入学までに10往復の会話ができることが目標

TOSSメモ作文は「中」の部分を膨らませるために友達から質問をしてもらい、答えていく活動を行う。

これがもしかしたらこの「会話を続けるトレーニング」につながらないかとも考えている。

いずれにしても明確なエビデンスが欲しい。実践していく。

2 向山実践「物語の冒頭を読む」を追試する!

(1) 向山実践をTOSSメモで追試する

TOSS-SNSは宝の山だ。向山洋一氏のコメントをリアルタイムで見ることができるからだ。

全国どこにいても、タイムラグなしで最先端の情報を手に入れることができる。このコメントもそうだった。

> 短冊の画用紙を1人20枚ぐらいもたせて図書室に行きました　物語のかきだしを書かせ　作者書名をかかせました　楽しい国語の授業でした

すぐに追試したい衝動に駆られた。

最初に追試したのは広島の笠井美香氏だった。その追試ダイアリーを読みながら頭の中がスパークした。

> これをTOSSメモで追試してみたい!

> TOSSメモなら後で分類もできる！

　向山氏が分類まで行っていたかどうかはわからない。
　しかし、TOSSメモという最先端のアイテムと融合させることで、向山実践をさらに前進させられるのではないかと思ったのである。

(2) 図書館の「利用指導」のモデルとなる実践になる!?

　早速、国語の時間に追試した。図書館での作業は15分ほどしかとれなかったが、どの子も面白いぐらいに熱中した。チャイムが鳴ってもいつまでもやめようとしないほどだった。放っておけば休み時間もやり続けていただろう。
　このことを発信すると、すぐに向山氏からコメントがあった。

> なにか生まれそうだね　図書室の　読書指導　利用指導の二つのうち　利用指導を実践する教師は少ない　こちらも大切なのにね　そのモデルができそうだ

　向山氏はこれまでにも「図書室では、読書指導と利用指導の両方をすべきなのです」とSNS内でも繰り返し発言していた。
　さらに『教育トークライン』2014年7月号では、次のように述べている。

> 　元々、図書館の指導には「利用指導」と「読書指導」の二つがあります。
> 　しかし、本来この二つを指導すべきなのに、ほとんどは読書指導だけで終わっています。つまり図書館活用の重要な要素である、それを利用する、活用するということが学校教育の中でほとんど教えられていない。
> 　この図書館の利用指導が、四番目のステップにあたります。
> 　　　　　　　　　　　　　　　　　　（『教育トークライン』p.18）

　ここで気になるのは何の「四番目のステップ」なのかということだ。

> 「情報を集めて、それらをきちんと使いこなす能力」のステップ

IV どの子も書ける！「TOSSメモ作文」
TOSSメモ活用で生まれる新たな教育実践（国語編）

　第一ステップが「聞く」、第二ステップが「辞書」を引き「どの意味が当てはまるのか」の選択、第三ステップが「百科事典の活用」である。そして、最後、五番目が「インターネットの活用」である。
　TOSSメモを使うことで、「集めた情報を使いこなす」「活用する」部分の指導ができるのではないか。その方向で実践を進めていくことにした。

(3) 自学で「活用」を始める子どもたち

　最初の授業の翌日は学校行事があったため、授業の続きができなかった。
　しかし、うれしいことに日記にこの授業の感想を書いてきた男の子と、自学でこの授業の続きを自分でやってきた女の子がいた。
　まずは自学から紹介する。
　この子は、自学ノートに「6つの物語の書き出し」を書いてきていた。今日はその隣のページに「前のページで分かること」も書いてきた（写真下）。
　そのノートの最初はこうなっている。

　最初の文はどういうことを書いている？
　一、ぎもんなどから始める。
　二、誰がどうしたから始める。

　最初に問いの文を書いて始めているのにも感心した。
　そして感想はこのようになっている。

> これからは、自分の気持ちや、季節などから日記を始めたいなと思います。

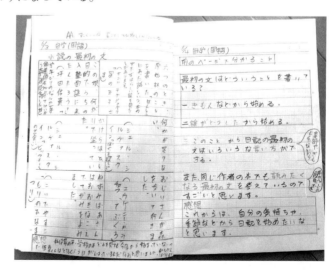

　この女の子なりに簡単な分析をし、それを日記に活用しようという意志がうかがえる。次に、男の子の日記を紹介する。

> 　国語の時、本の最初の一文を写すことをしました。(中略)
> 　ぼくが写した本は、斉藤洋さんが書いておられる「白こま記」シリーズです。その一文から思ったことがあります。それは、一番最初に春と書かれたところや、秋の風景のように書かれたところがあったので、「たぶん、白こま記シリーズは、春夏秋冬が描かれた小説だ」と思ったのです。
> 　これからは、小説を読むときには、最初の一文に興味を持ちながら読みたいなと思います。

　この子は1つのシリーズに注目して共通点を考え、その書き出しの特徴をつかもうとしているのがわかる。この自学と日記について向山氏からコメントをもらった。

> すごいなあ　レベルが高い　みんなやってみるといいよ

　この自学と日記はもちろんクラスで紹介した。さらにもう1人、自学でやってきた子も含めて3人を大絶賛し、追試の続きを始めた。

⑷ 2日たっても続く熱中状態

　それにしても、ものすごい熱中状態だった。誰一人遊ぶ子もいない。
　2日前にやった「小説・物語の冒頭を読む」の続きを図書室で行ったのだが、どの子も思い思いの本を手に取り、一心不乱にTOSSメモに書き写す作業を続けた。中にはドサッと机の上に本を山積みする子もいた。
「これ、どこまで書けばいいですか？」
　長いセリフで始まっている本を書き写している子が聞いてきた。TOSSメモに入りきらないので聞いてきたのだ。書けるところまで書くことにした。

　この子は前にも同じ質問をしていたので、こう言った。
「この作者はいつもこういうパターンなのかもね。」
　すると彼はこう答えた。
「いや、でも、2巻だけはちがいましたよ。」
　何となく知的な感じがした。こんな会話も聞こえてきた。

どの子も書ける！「TOSSメモ作文」
TOSSメモ活用で生まれる新たな教育実践（国語編） Ⅳ

「先生、ぼくの1行だけでした。」

TOSSメモに1行だけ書かれた書き出しを見せてくれた。

「1行だけだった？ 短いね〜。」「ぼくは『うわぁ。きれい。』だけでした！」「へぇ〜！」「俺のは『チャプン、チャプン』だけですよ〜。」「あ、ぼくもそれ書いた！」

冒頭の一文だけでこんなに盛り上がるなんて本当に面白い。

予定していた20分があっという間に経過した。

「先生！ もう少しだけもらえませんか？」「あと1冊だけお願いします！」

子どもたちがあまりにも一生懸命なので、あと5分だけ追加した。

「ありがとうございます！」とお礼まで言われ、さらに熱中状態が続いた。

⑸ ついに書き出しの分類に突入！

5分後、子どもたちを一カ所に集めて言った。

> 今からみんなが集めた書き出しを分類してもらいます。
> 紙を渡しますから、そこにメモを貼っていきます。
> 似ているなと思ったら近くに、少し違うなと思ったら少し遠くに貼っていきなさい。

一度、別の学習で同じような作業をさせていたので、子どもたちはすぐにやり方を理解したようだ。

　前回とあわせるとおよそ45分間で、多い子で36枚、少ない子でも8枚は書いていた。
「先生、できました！」
　10枚前後の子たちはあっという間に分類して持ってきた。
「お！　早いねぇ。どんな風に分けたの？」
「これは色で……、これは季節で……」
「ぼくは、思ったもの、見ているもの、やっているものに分けてみました。」
　次々と子どもたちが分類したTOSSメモを持ってきて、指さしながら説明してくれた。
「色とか季節とか、良い発見したね。」
「すごい！　すごい！　面白いねぇ。」
「今言ったことを、一目でわかるように書いてごらん。」
　全く一緒なんて子はいなかった。どの子もそれぞれの観点で分けていて、「へぇ」と思えるものが1つか2つは必ず入っていた。
　ここまでやったところでチャイムが鳴った。休憩時間になっても図書館に残ってやっている子もいた。

(6) 熱中する授業はなぜ良いのか
　子どもたちの熱中状態を見ながら、大きな大きな手応えを感じていた。
　そんな時だった。向山氏からSNS

どの子も書ける！「TOSSメモ作文」
TOSSメモ活用で生まれる新たな教育実践（国語編） IV

で次のような問いが出された。

> 熱中する授業はなぜいいのか。

まずは思いつくままに書き出してみた。

> ① 授業が楽しい！と感じる。
> ② 今までの自分とは違うという体験をする。
> ③ 今まで考えなかったことをあれこれ考える。
> ④ 友達の小さな発見に感動する。
> ⑤ 新たな方法を学ぼうとする。
> ⑥ 友達と協力しようとする。
> ⑦ 友達の良いところを取り入れようとする。
> ⑧ 逆転現象が起きる。
> ⑨ 他の場面でも同じように考えようとする。
> ⑩ 全く別の場面でもあきらめなくなる。

これを一言で言うとどうなるのか。

> 今までの自分と少し変わる。

では、向山氏はどのように言っているのだろうか。
次の記述を見つけた。

> 新しい自分へのメタモルフォーゼ（脱皮）

この言葉は『家庭教育ツーウェイ』2004年8月号に出てくる。少し長くなるが引用する。

> 乳・幼児期の母親は「子どもが熱中している体験」を、大切に大切に大切にする必要があります。
> それは、神様が「よりよく育つため」に送ってくれたプレゼントなのです。
> 間違っても「熱中してやっていること」を途中で、止めてはなりません。
> それは「成長のための神様のプレゼント」を、捨ててしまうようなことなの

です。
　乳・幼児期の本については「相良敦子先生」の本が、絶対のおすすめです。具体的で分かりやすく、得るところ大です。
　乳・幼児期の子が熱中する体験場面は、ある時、突然目の前に現われます。
　そのことを知っていた親なら、子どもの経験を大切に大切に扱うはずです。
　それまでの自分から、新しい自分へのメタモルフォーゼ（脱皮）が始まったのですから……。

　「熱中する体験」の大切さを発見したのは、モンテッソーリである。
　向山氏の論文では、そのモンテッソーリにも触れられている。

　大人から見ると何でもないことのようですが、この体験は、子どもの成長に極めて大切なことなのです。
　イタリアの女性医師（そして教育学者）のモンテッソーリが発見したことです。
　「熱中する体験」を「充分にやった子」はそれまでと「一皮むけた状態」になるのです。満足し、どこか落ちつくのです。
　これは、小学校でも経験します。
　「おみこしづくり」「チャレラン大会」などのイベントを、クラス全員が熱中してとりくむと、クラス全体がまとまるのです。
　私は、教師になってから気がつきました。

　『教室ツーウェイ』2005年6月号にも「熱中」について書かれている。

　「熱中して活動する場面」こそ、最高の教育的場面なのだ。大げさに言うと、人生を左右するほどの重大な出来事なのだ。
　一年間に一回でも、熱中する活動があれば、子どもは成長する。
　クラス全員に、何らかの形で「本気で熱中する活動」場面を作ることこそ、教師の大切な仕事なのである。
　向山学級では「裏文化」を中心に、それをつくりあげてきた。
　「何かに熱中する」、それこそ、モンテッソーリが「幼児期の学習にぬけ落ちていたものを回復する場面」と考えた重要な教育内容なのである。
　クラス全体が、なめらかに運営されていく組織をつくり、その組織の活動が「時として熱中する場面となる」ことこそ、教師が「意図的に計画的に」推進

> していく内容なのである。
> 　五色百人一首大会、TOSSデー、などを企画、運営するのと同じ能力が必要なのだ。

　今回の「物語の冒頭を読む」の実践は「表文化」であるが、明らかに子どもたちが「熱中する」状態をつくりあげた。大事なことは、このような熱中状態を「意図的に計画的に」推進していくことである。
　向山型は様々な教科、分野に存在する。向山型を追試するとものすごい効果が出るのは、熱中状態を演出する実践、教材教具、ユースウェア、そしてそれらを包括するようなシステム（仕組み）がいくつもいくつも存在しているからだ。
　「意図的に計画的に」推進している状態に近くなるからこそ大きな成果を発揮するのだ。今回の「冒頭を読む」×TOSSメモ実践もその仲間入りをすれば全国の仲間の大きな武器の1つになると私は考えている。

⑺　分類してわかったことを作文にする
　子どもたちに次の課題を出し、作文を書かせてみた。

> 　物語の書き出しを分類して、わかったことや考えたこと、感想などを書きなさい。

　こうして子どもたちの書いたものを読んでいくと、1つのことに気づいた。
　まだまだ整理されてないのである。
　自分が何となく作ったグループでしかないために、そのグループの作り方も曖昧なものでしかない。同列に扱うべきでないものも同列に扱われている。
　結局、足りないものは何だったのか。

> 　検討の過程

　どのような分類が良いのか。子ども同士で討論し、検討する過程を経なければ、今のレベルの分析で終わってしまうだろう。
　例えば向山実践に「かける」の授業がある。
　その授業が載っている『国語の授業が楽しくなる』にはこう書いてある。

> 　どういう集合を作ったらいいか、案が次々と出された。黒板に絵も書かれた。

> 例によって、最も悪い例からつぶした。
> 最後に残ったのは「掛ける」を四つに分類する方法である。
> 　　　　　　　　　　　　　　（『国語の授業が楽しくなる』p.71）

　年生、向山学級になったばかりの頃の実践なのに、あれほどの分類ができてしまうのは、やはり検討の過程を経たからであろう。
　しかし、それだけではない。「教師の知識」も相当大きなウェイトを占めるはずだ。たくさんの情報を分類するには、それなりの知識がなければ見えてこない。
　だからこそ、子どもたちの遙か上を行くような教師の圧倒的な知識がなければ、向山学級のような事実は生まれてこないのだろう。
　そのように考えていたが、向山氏からのコメントに励まされた。

> 　すごいねえ　新しい授業の定番が生まれた

⑻　分類の仕方を変更して、再チャレンジ！
　子どもたちがTOSSメモに写した「物語の冒頭」。前回までに個人で分類させていた。もう少し分類の仕方を検討させたいと考え、次の3つのステップを踏むことを考えた。

> ①　3人組で再度分類させる。
> ②　全体の場でその分類を発表させる。
> ③　全体で検討する。

　まずは3人組での分類から始めた。
　TOSSメモの数が単純に3倍になる。つまり、持っている情報が3倍になるのだから、個人でやった時よりも分類に時間がかかった。
　「これと似たのない？」「まぁ、おいとこっ。」「○○グループにする？」
　3人で頭をつきあわせながら作業が進んでいった。一通りできるようになるまで、25分かかった。
　次に全体の場での発表である。
　黒板に分類した物を貼らせた。全部で4班である。どのように分類したのか発表させた。
　「私たちは全部で9種類に分けました。1つ目は山、川、月などの『景色グループ』

どの子も書ける！「TOSSメモ作文」
TOSSメモ活用で生まれる新たな教育実践（国語編） IV

です。例えば、……」
　このような形で発表させた後、どのように検討させるのかまだ迷っていた。
　次のように子どもたちに聞いた。
「この分類はおかしいとか、別の所へ入れた方がいいというようなのがありますか？」
　反応はいまいちだった。2人が発表したがあとは続かなかった。無理強いしても駄目だと判断し、1冊の本を紹介した。大沢在昌氏の『小説講座　売れる作家の全技術』である。本当は丹羽文雄の『私の小説作法』を紹介したかったが、手元になく断念。
　大沢氏の本を見せながら言った。
「この本の中に書き出しについて書かれていました。」
　俄然、子どもたちの反応が良くなった。「描写に困った時の虎の巻」という部分を少し読んで聞かせた。

> 　長編の書き方として私がお話しできるのはだいたいこんなところです。最後におまけとして、私が長編小説を書き始めた頃に、描写が一本調子で薄っぺらにならないためにどうすればよいかと考えて作った標語というか、虎の巻を皆さんに伝授します。それは「○・○・○・○・○」の五文字です。
> 　（『小説講座　売れる作家の全技術』p.198）

　本当は「書き出し」というより「描写」なのだが、大沢氏が描写の仕方を5つに分類しまとめていることを紹介したかったのだ（5文字は伏せて紹介した）。
　でも、これは効果的だった。
「皆さんだったら、書き出しの仕方をいくつにまとめますか。こう書き出せばいいという書き出しの法則。普通は3つとか5つとか7つぐらいかな。」
　これで子どもたちの思考が働き始めた。

「わかった！」「思いついた！」
「すごいすごい！」とほめながらピンクの「TOSSメモさくら」を渡し、どんな法則にするのかそこに書かせた。
　ある子は「目・耳・心・口」の4つを書き、ある子は「行動・時・場所」の3つを書いた。女子3人組は「季節・会話・景色・場所・日時」と分けた。
　他にも多少の違いはあったが、最初の分類よりはまとまってきた感じがした。
　ここでもう少し検討させようかとも考えたが、これ以上は難しいと思い、発表させ、どの子の意見が一番良いと思うか聞くにとどめた。
　そして自分の考えを作文用紙に書かせて終わりにした。
　向山学級だったらきっと討論も起き、もっと分類の仕方も検討されただろう。
　そこまで子どもたちを到達させられなかったのは私の力量不足である。
　しかし、次の3つのステップをとりあえず経験させられたことは大きい。

---

① 情報を集め、
② それを分類し、
③ 自分なりの法則にまとめてみる。

　以下、この授業後に書いた子どもたちの作文である。

■物語の書き出しにはどんな種類があるのか。
　私は、5種類あると思う。
　1つ目は、住んでいる場所、引っ越してきたところ、土地だ。
　2つ目は、名前、自己紹介、他人の紹介だ。
　3つ目は、比ゆを使ったり、例やたとえ、「もし……」を使ったりすることだ。
　4つ目は、会話、「～に行った」「行ってきた」などの行動だ。
　5つ目は、自然の景色、都会の景色や風景を細かく書き出すことだ。
　他の人の意見を聞いて、他にも色々な分け方、考え方ができるのだと思う。
　私が覚えておくといいと思った4つの書き出し方法。
　1つ目は、会話文。理由は、一番書きやすいし、その人や話者の考えていることなどがよく分かるからだ。
　2つ目は、景色だ。理由は、いろんな風景のことが書いてあると、どういう状態なのか、どんな様子なのかなどが良く分かったからだ。
　3つ目は、季節だ。季節を表す言葉、例えば、スイカわりなどがあると、いつのことなのか大体予想がついて、日記などの文章が読みやすくなるからだ。

どの子も書ける！「TOSSメモ作文」
TOSSメモ活用で生まれる新たな教育実践（国語編）　Ⅳ

　４つ目は、場所だ。場所があると、どこで起こったことなのかがよく分かるからだ。この４つを使って、これからもっとおもしろい日記を書きたいと思う。

■物語の書き出しには、どんな種類があるのか。
　ぼくは大きく分けて３つあると考える。
　１つ目は、「時グループ」だ。日記で「時グループ」を表したならば、「今日」から始めることもあれば、「春夏秋冬」のことから書き出すこともできる。そして月日でも表すことができる。こうするといつあったかが分かる。
　２つ目は、「自然」だ。これは、小説などによく使われることが多い。なので、それを日記に取り入れるとすごく良い日記になるだろう。日記に使うとしたら、「草が……」や「木が……」などという感じに書けるだろう。
　３つ目は、「行動」だ。行動を日記で表すとすると、「ぼくは力いっぱい走った。」などと書ける。そうすると何をしたかが分かる。

■物語の種類にはどんな種類があるのか。
　私が調べて分類すると１４個あった。それは、動物、思ったこと、乗り物などの小さなグループだ。
　また、私がこの１４個を大きく分けると５つになる。
　１つ目は「会話」だ。例えば、そのしゃべったことから、どうなっていくんだろうと想像することができるし、思ったことも書けると思う。
　２つ目は「季節」だ。季節にすると、いろいろな工夫ができる。赤や黄などの葉だけで秋だということがわかる。
　３つ目は「景色」だ。景色は、岩や山などの風景をすぐ思いつくことができると思うからだ。
　４つ目は「場所」。景色と場所をくっつけるともっときれいな風景がうかぶと思うからだ。
　５つ目は「日時」だ。日時があると、いつ何をしていたかがとてもわかりやすいからだ。
　だから、この書き出しがいいと思った。

■物語の書き出しにはどんな種類があるのか。
　ぼくは大きく分けて３つあると思う。
　１つ目は「行動」だ。「～をしに行きます。」というのがよくあったからだ。会話なども行動の中に入れても良いと思った。

2つ目は「時」だ。例えば、「今日は大みそかだ。」などを入れるのがよくあるし、1文目に時が入ると分かりやすいと思う。

　3つ目は「場所」。例えば、「今日のお祭りはお寺でやる。」と場所のことが書いてあると、分かりやすいと思うからだ。

　ぼくはもう1つ入れた方がいいと思った。それは、「思ったこと」だ。日記では思ったことから入った方が面白く、分かりやすくまとめられると思ったからだ。

　この法則を使ったら分かりやすくなると思う。

3 TOSSメモとマッキンゼー式ロジカルシンキング

　TOSSメモを使った日記指導を試みた。そのヒントとなったのが、マッキンゼー式ロジカルシンキングである。日記の文章に「自分の考え」が多く書かれるようになった。

⑴　「A4メモ」を日記指導に取り入れる

　気分転換に買った本が面白かった。

　最近流行りのマンガで書かれたビジネス書だ。『マンガでわかる！　マッキンゼー式ロジカルシンキング』（赤羽雄二著）。

　この中に「A4メモ」という方法が出てくる。すぐにTOSSメモとつながった。

　「A4メモ」のやり方は非常に簡単だ。

> 　A4用紙を横置きにし、左上にタイトル、右上に日付（2015-8-21のような感じです）を書き、本文は4〜6行、各20〜30字書きます。
> 　これだけなら、どうということはないのですが、このA4メモ1ページを1分で書き、毎日10〜20ページ書く、というところがポイントです。（中略）
> 　1行の文字数が少ないと、頭の整理にはいいですが、言語化能力の教科にはやや不足なので、慣れてきたら、69ページのメモ書き②のように1行20〜30字書くことをおすすめします。

　ポイントを整理すると次の7つになるという。

① 　1分で書く。
② 　1件1葉で書く。
③ 　紙はA4用紙。

どの子も書ける！「TOSSメモ作文」
TOSSメモ活用で生まれる新たな教育実践（国語編）

> ④　タイトルは疑問形にするなど工夫する。
> ⑤　同じタイトルでも気が済むまで何度も書く。
> ⑥　1ページにつき4～6行、1行は20～30文字。
> ⑦　保管したメモはすぐには見返さない。

　ここでは「A4」となっているが、「TOSSメモ」でも代用できると考えた。書く量はA4の時と大きく変わらないからだ。

> 　この方法を日記に応用できないか。

　これが私の頭にあった問題意識だった。

⑵ TOSSメモに書き出させる

　子どもたちの日記の文章に「限界」を感じていた。
　そこで、前述の方法で使えそうな部分を当てはめてみた。

> ①　1分で書く。
> ②　TOSSメモ1枚に書く。
> ③　タイトルは疑問形にする。
> ④　1枚に3個程度書く。1個は2行以内（20字程度）。
> ⑤　書いたメモは日記帳（TOSSノート）に貼る。

　これを終礼の時に実施した。TOSSメモを配り、こう言った。
「今日の一日で一番印象に残ったこと、一番頭を使って考えたことは何ですか。」
　黒板にはTOSSメモの絵を描き、一番上の行に次のように書いた。

> 　なぜ、～が一番印象に残ったのか。

　ただし、疑問形であれば変えても良いことを伝えた。
　ある女の子は次のようにTOSSメモに書いた。

> 　なぜ、先生はその話をされたのか。

　次に、その答えを3つ程度書くように言った。1つの答えがだいたい2行ぐらい

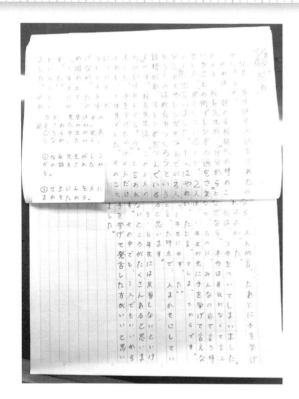

になると良いことも話した。この女の子は次のように書いた。

> なぜ、先生はその話をされたのか。
> ① 5・6年生が発表しなかったから。
> ② 校長先生がレンガの話をされたから。
> ③ せきにんを人にまかせたから。
> （注：「責任転嫁した」という意味）

疑問形を書かせた後、その答えを書かせるのに1分ほどとった。初めてなので1分を少し超える子もいたがよしとした。

「TOSSメモをノートの左下に貼りなさい。」「それを見ながら日記を書きなさい。」
ほとんどの子がさっと書き始めていた。5分ほど書かせたところで終了。残りは宿題とした。

(3) **子どもの日記に生じた変化**

翌日、子どもたちの書いた日記を読んだ。
現時点でどの子も1ページ以上は書いているので、文章の量に劇的な変化は見られなかった。最も大きく変化したのはこれだ。

> ① 疑問文が登場するようになった。
> ② 1つ目、2つ目という記述が増えた。

こうも言える。

> 「自分の考え」を書いた部分が増えた。

　TOSSメモに「疑問形」で書かせ、「箇条書き」させたのだから当然と言えば当然の結果ではある。
　しかし、TOSSメモに書かせる（それもわずか数分）という作業をさせただけで、日記の内容に変化が生まれたことは事実であり、一定の手応えを感じた。
　先ほど紹介した女の子の日記である。

■「反省」
　なぜ、先生はその話をされたのでしょうか。
　それは、朝の全校朝礼の時のことです。校長先生が、"自分から"ということの例でレンガの話をされました。「旅をしている人が、2人の人に出会いました。1人はやれと言われてレンガをつんでいる人、もう1人は教会をつくろうという目標があってレンガをつんでいる人です。」校長先生は、「この2人のちがいは何でしょう。」と言われました。手を挙げたのは2人だけ、それも、1年生でした。そのことについて、どうして手を挙げなかったのか（注：太田先生に）聞かれて、
　「1年生にゆずった。」
という人もいました。それなら、2人が言ったあとに手を挙げれば良かった。
　私は、うそをついてしまいました。なぜなら、本当は勇気がなくて言えなかったのに、みんなの前で言う時は、1年生が先に手を挙げて言えなかったと言ってしまったからです。
　「1年生にゆずった。」
と言った時点で、人まかせにしていると思います。
　5・6年生には反省しないといけないところがたくさんあると思います。その中でも、1人でもいいから手を挙げて発言した方がいいと思いました。

⑷ 子どもの事実から考える
　一方で反省もある。
　一番文章を書くのが苦手な子は、TOSSメモにこう書いていた。

> 　なぜ私がすごいと思ったのか。
> ①　ヘチマのかふんを見つけた。
> ②　たちのりができた。

> ③　土をひろったこと。

　他の子たちと違って、1つのことを問いによって掘り下げたのではなく、3つの異なる答えを出しているのがわかる。
　ここは、「書くことを1つに絞る」段階である。日記の内容を変化させるためには、もう一歩の突っ込みが必要である。この子の場合で言えば、次のようにすべきだった。

> ①　「よく書けたね。一番すごいと思ったのはどれ？」と聞く。
> ②　もう1枚TOSSメモを渡して次のように書かせる。
> 　「なぜ土をひろったことがすごいのか。」

　問いは「なぜ土をひろおうと考えたのか」でも良い。いずれにしてもこのような対応が必要だった。このような子どもたちの事実から学び続けることが、TOSSメモ実践を進化させていくことにつながるのだと信じている。

4　4つの視点から考える作文指導

　作文指導を「アクティブ・ラーニング」「知的生産の技術」「特別支援」そして、『思考の整理学』（外山滋比古）の4つの視点から考えた。

⑴ アクティブ・ラーニングと作文指導

　次期学習指導要領の目玉は「アクティブ・ラーニング」である。文部科学省から出された「教育課程部会　教育課程企画特別部会（第7期）（第13回）配付資料」には「特に、問題発見・解決のプロセスの中で、以下のような思考・判断・表現を行うことができることが重要である」と述べられている。

> ①　問題発見・解決に必要な情報を収集・蓄積するとともに、必要となる新たな知識・技能を獲得し、必要な知識・技能を組み合わせて構造化し、それらを活用しながら問題を解決していくために必要となる思考。
> ②　必要な情報を選択し、解決の方向性や方法を比較・選択し、結論を決定していくために必要な判断や意思決定。
> ③　伝える相手や状況に応じた表現。　　（p.9より引用　①～③の数字は太田）

　なぜこの3つなのか。これを裏付けるデータが、「教育課程企画特別部会　論点

どの子も書ける！「TOSSメモ作文」
TOSSメモ活用で生まれる新たな教育実践（国語編）
Ⅳ

整理　関係資料（案）」p.25～27にある「情報活用能力調査」である。調査対象は小学校5学年（116校3343人）と中学校2学年（104校3338人）、調査時期は平成25年10月から平成26年1月である。これをまとめた『情報活用能力育成のために』という冊子は、平成27年3月に出されている。この調査でわかった児童の傾向がある。

> 　小学生について、整理された情報を読み取ることはできるが複数のウェブページから目的に応じて、特定の情報を見つけ出し、関連付けることに課題がある。
> 　また、情報を整理し、解釈することや受け手の状況に応じて情報発信することに課題がある。

　情報の「収集」にも「活用」にも大きな課題があることがわかる。確かに情報を活用するというのは難しい。読書感想文がその典型だ。原稿用紙の大半があらすじで埋められたものも珍しくない。これは本から得た情報をほとんどそのままの形で並べたに過ぎない。
　大学生のレポートにも似たような傾向が見られる。明治大学文学部教授の齋藤孝氏の言葉である。

> 　ある頃から、学生が提出したレポートを読み進めていくと、突然、文体も文脈も異なる文章が出てくるようになった。しかも、まったく同じ文章がほかの学生のレポートにも登場する。
> 　なぜ、こんな奇妙なことが起こるのか。課題をキーワードで検索し、出てきた情報のうち、「これでまぁいいか」というものをコピペして、レポートにまとめてしまう学生が珍しくなくなったからである。
> 　　　　　　（『「読む・書く・話す」を一瞬でモノにする技術』p.16-17）

同じくお茶の水女子大学名誉教授の外山滋比古氏も次のように述べている。

> 　ところで、学校の生徒は、先生と教科書にひっぱられて勉強する。自学自習ということばこそあるけれども、独力で知識を得るのではない。いわばグライダーのようなものだ。（中略）
> 　グライダーとしては一流である学生が、卒業間際になって論文を書くことになる。これはこれまでの勉強といささか勝手が違う。何でも自由に自分の好きなことを書いてみよ、というのが論文である。グライダーは途方にくれる。突如としてこれまでとまるで違ったことを要求されても、できるわけがない。グ

> ライダーとして優秀な学生ほどあわてる。　　　（『思考の整理学』p.11-12）

　大学生であってもレポートを書くというのはどういうことなのかわかっていないのである。小学生の頃書いたあらすじだらけの読書感想文の域を越えられなかったのだとも言える。これは教師が授業の中で教えてこなかったことの反映である。授業の中で情報の「活用」を経験させなければいけない。本来、情報の活用は知的な作業であり、子どもたちは喜ぶはずなのだ。
　『知的生産の技術』の著者である梅棹忠夫は次のように述べている。

> 　情報の管理は、物資の管理とは、原理のちがうところがある。「もったいない」という原理では、うごかない。さまざまな形の、あたらしいしつけが必要だ。（中略）
> 　情報の生産、処理、伝達について、基礎的な訓練を、小学校・中学校のころから、みっちりとしこんでおくべきである。（中略）
> 　わたしは、やがては「情報科」というような科目をつくって、総合的・集中的な教育をほどこすようになるのではないかとかんがえている。
> 　　　　　　　　　　　　　　　（『知的生産の技術』p.217-218）

　梅棹は1969年の時点でこのように述べている。現在の「総合的な学習の時間」がそれに当たるのかもしれないが、アクティブ・ラーニングの登場によって、より「情報の活用」が重視されるようになってくるのは間違いない。

(2)「知的生産技術」の側面から見た作文指導

　「遠足の作文を書きましょう」と言われてもなかなか書けない子がいる。あるいは書けたとしても、ありきたりな内容で終始してしまう子が多くいる。
　これは時代や地域を問わず、全国で見られる光景の1つであり、教師にとって子どもたちにどのように作文指導をするのかということは大きな課題の1つである。
　では、なぜ作文を書くことは難しいのか。梅棹は「文章をかく」ことについて次のように述べている。

> 　文章をかくという作業は、じっさいには、二つの段階からなりたっている。第一は、かんがえをまとめるという段階である。第二は、それをじっさいに文章にかきあらわす、という段階である。一般に、文章のかきかたというと、第二の段階の技術論をかんがえやすいが、じつは、第一の「かんがえをまとめ

どの子も書ける！「TOSSメモ作文」
TOSSメモ活用で生まれる新たな教育実践（国語編）

> る」ということが、ひじょうにたいせつなのである。かくべき内容がなければ、文章がかけないのは、あたりまえである。文章をかくためには、まず、かくべき内容をかためなければならないのだ。
> 　　　　　　　　　　　　　　　　　　　　　　　　　　（p.200-201）

　教師は「作文を書きなさい」と一言で言うが、梅棹は「かんがえをまとめる」段階の大切さを強調している。この段階を「教える」という面が抜け落ちているのが現在の作文指導の課題なのである。この「かんがえをまとめる」段階はさらに細分化できる。向山洋一氏は次のように言っている。

> 　論文を書ける子供たちの誕生　それは　事実の断片をすべて拾い集め　それを構成　組み立てることができるから　①すべての断片の収集　②構成　組み立て　この二つの難題を解決したのがTOSSメモ　新しい　高度な授業の誕生だ

　これは筆者のSNSダイアリーへの向山氏のコメントである。
　このコメントから「かんがえをまとめる」ためには、頭の中にある「情報を収集」し、それを「構成」する必要があることがわかる。梅棹は「文章というものは、基本的には、たぐりだすものではなくて、くみたててゆくものだとおもう。」とも書いており、向山氏の考えとも一致する。

> 　作文指導の中で「情報の収集」と「構成」を教えることで、作文が書けない子は確実に減る。

　このように考えられる。この「かんがえをまとめる」方法として梅棹が考えたのが「こざね法」である。こざね法は次のような手順で進められる。

> ①　B8判の紙切れを用意し、1枚に1項目ずつ、自分の考えをどんどん書いていく。
> ②　書いた紙切れを机の上に並べ、論理的につながりがありそうだと思われる紙切れをまとめていく。
> ③　論理的に筋が通ると思われる順序にその一群の紙切れを並び替えホッチキスでとめる。
> ④　こざねの列どうしの関係を考え、論理的につながるものを集めていく。
> ⑤　論理的にまとまりのある一群のこざねの列ができたらクリップでとめ、見出しの紙切れをつける。

⑥ 見出しを見ながら、文章全体としての構成を考える。

このこざね法の特徴を梅棹は次のように言い表している。

> こざね法というのは、いわば、頭の中のうごきを、紙きれのかたちで、そとにとりだしたもの　　　　　　　　　　　　　　　　　　　　（p.205）

今までは子どもたちの頭の中で考えさせていたことを、「細分化」し、「目に見える形」で「作業」させることにより、誰でも自分の考えを組み立てていけるようにしたところが秀逸である。この方法は川喜田二郎の「KJ法B型による文章化」とほぼ同じであり、日本の代表的な知的生産技術の1つであると言える。

ただし、こざね法を小学校で導入するには欠点もある。

その1つは、紙切れが風で飛んでしまったり、手に当たって動いてしまったりする可能性が大いにあるということである。せっかく作っていたまとまりがわからなくなり、思考が中断してしまうことになりかねない。

もう1つの欠点は、ホチキスを使うということである。わずかな手間であるが、学年が下になればなるほどこの手間がやっかいなものになっていく。

しかし、この2つの欠点を解決してくれるツールがある。それが「TOSSメモ」である。TOSSメモの裏面には付箋と同じのりがついており、何度も貼ったりはがしたりすることができる。このおかげでメモが風で飛んでしまう心配はなくなり、メモとメモをつなげることも容易になる。

現代版の進化したこざね法をTOSSメモで実現できるというわけである。

(3)「特別支援教育」の側面から見た作文指導

作文の難しさは、特別支援教育の側面から考えてみるとさらにわかりやすくなる。

> 「作文を書きなさい」という指示は、ワーキングメモリへの負担が非常に大きい。

ワーキングメモリとは、簡単に言えば「脳のメモ帳」である。

ワーキングメモリの限界は「3〜5個のチャンク（情報のまとまり）」と言われているが、発達障がいの子はこのワーキングメモリが低いことが知られており、平均して「2.2」しかないという専門家の意見もある。これが集団の中だとさらに低下し「1.4」になるというのだ。

どの子も書ける！「TOSSメモ作文」
TOSSメモ活用で生まれる新たな教育実践（国語編） Ⅳ

例えば「遠足の作文を書きなさい」という指示について考えてみる。

すでに述べてきたとおりこの1つの指示の中には「情報の収集」「情報の構成」「実際の文章に書き表す」という3つの段階が隠れている。さらに「情報の収集」は「遠足のことを思い出す」「その中から特に印象に残ったことを選択する」に細分化することもできる。

「情報の構成」は、こざね法を頭の中でやっているのと同じだと考えれば6つの段階がある（147〜148ページ参照）ことになり、「作文を書く」というのは合計で8つの過程があることになる。

作文を書くというのはワーキングメモリへの負担が非常に大きく、発達障がいの子はもちろん、すべての子どもたちにとっても難しい課題であることがわかる。

では、この問題を解決するにはどうすれば良いか。それは簡単である。

① 「作文を書きなさい」をいう指示を細分化する。
② 「情報の収集」「構成」をこざね法などを使って可視化・作業化させる。

この2つの手立てをとることでワーキングメモリへの負担はぐんと減り、最も難しい「考えをまとめる」段階をクリアする可能性が高くなる。

ただし、「すべての子が書ける」作文指導を目指すためには、発達障がいの子への対応をもう少し考えてみる必要がある。

杉山登志郎氏の著書『発達障害の子どもたち』の中に「遠足の作文を書きましょう」と言われてパニックになってしまう子の例が登場する。

　もう一つ例をあげれば、学校の宿題で「遠足の作文を書きましょう」という課題を与えられてパニックになった。G君の言い分としては、遠足といってもどこが遠足なのだというのだ。学校に集まって、バスに乗って、バスの中でゲームがあり、目的地について、集会があって、そこで班ごとの活動や観察があり、お弁当を食べて、午後もさらに活動と遊びがあり、またバスに乗って、ゲームをして帰ってきた。どこを書けば良いのだと言う。
　「どこがいちばん楽しかったの？」と尋ねると「バスに乗ったこと」と答えるので、「では、バスに乗ったことを作文にしたら」と提案すると、難なく「遠足」の作文を書くことができた。特に高機能自閉症の方と接していると、本当にこのような体験が多い。　（『発達障害の子どもたち』p.86-87）

これを杉山氏は「自閉症の認知の穴」と呼んでいる。自閉症者は「大まかであい

まいな認知が苦手」なことがよくわかるエピソードである。
　しかし、杉山氏が「どこがいちばん楽しかったの？」と尋ね、それに答えることでどこに焦点を当てれば良いかがわかると、難なく作文が書けてしまうのである。
　平岩幹男氏は高機能自閉症の記憶について次のように述べている。

> 高機能自閉症の記憶は、「記憶ではなく記録」といわれることもあるようで、実に細かく書く子どももいます。　　（『自閉症スペクトラム障害』p.147）

　このことからも、書くべき事を焦点化することがクリアできれば自閉症の子どもでも作文を書くことができることがわかる。つまり、次のことが作文指導の重要な手立ての1つであると言える。

> 「問い」によって焦点化することで、自閉症の子どもも作文が書ける。

　杉山氏の著書の中で「世界を代表する高機能自閉症者にして動物学者、さらに牧場の設計者であるテンプル・グランディン」について次のように紹介している。

> 彼女は、自らを「視覚で考える人」と呼んでいる。抽象的な概念はすべて視覚的なイメージに転換しなくては理解ができないのであると言う。逆に、視覚的なイメージであれば、さまざまな操作も可能であるようだ。
> 　　　　　　　　　　　　　　　（『発達障害の子どもたち』p.88）

　グランディンはこの「視覚で考える」という特性を活かして、牧場の設計者として成功を収めたことからわかるように、特性を活かすような適切な支援ができれば成功体験を積むことはできるのである。
　こざね法を取り入れた「TOSSメモ作文」は、頭の中を可視化・作業化しており、この点でも自閉症者に優しい指導方法であることがわかる。問いを立てることの大切さはすでに述べたとおりであるが、それは自閉症者に限ったことではない。
　国立教育政策研究所教育課程研究センター長だった勝野頼彦氏の『社会の変化に対応する資質や能力を育成する教育課程編成の基本原理』によると、「思考力を育む取組をしている研究開発学校等の教育実践を分析すると、共通点として「思考とは問いの生成である」ことの重視が指摘できる」のだという。
　そして、さらにこう続けている。

どの子も書ける！「TOSSメモ作文」
TOSSメモ活用で生まれる新たな教育実践（国語編） IV

> ここで示す「思考力」の枠組みの目的は、「自ら問いを発する子どもの育成」と捉え、自ら問題を発見し、解決に向けて主体的に取り組むとともに、それを表現するような一連のプロセス構造「問題発見解決」を用いて示すこととした。よい問題に出会えば、創造も批判も発生しやすい。研究開発学校の教育実践が「問いの生成」という言い方で伝えようとしたのは、問題解決に裏打ちされた、その先の学習者自身の問い作りだとも考えられる。すなわち、「問いの生成」それは、既に創造的な行為でもあるといえる。
> （『社会の変化に対応する資質や能力を育成する教育課程編成の基本原理』p.97）

　TOSSメモ作文では「焦点化」し「情報を収集」するために問いを使う。

　この際の「問い」は「どこが一番楽しかったの？」というような単純なものであるが、こうした問いを意図的に自分で考え、答えを見つけ出すという訓練は初期の段階としては必要であると考えている。

⑷『思考の整理学』の視点から考える作文教育

　自分の考えた「TOSSメモ作文」という実践を、『思考の整理学』の視点で再考してみる。文章を書くというのは難しい。それを専門にする人たちでさえも容易には行かない。書きたいことはあるのに、筋道を立てるのが難しい。だから「知的生産の技術」が必要とされるのだ。

> 　頭の中で、あれこれ考えていても、いっこうに筋道が立たない。混沌としたままである。ことによく調べて、材料があまりあるほどあるというときほど、混乱がいちじるしい。いくらなんでもこのままで書き始めるわけには行かないから、もうすこし構想をしっかりしてというのが論文を書こうとする多くの人に共通の気持である。それがまずい。
> 　気軽に書いてみればいい。あまり大論文を書こうと気負わないことである。
> 　　　　　　　　　　　　　　　　　　　　　　（『思考の整理学』p.135）

　「材料を書き出す」ことと「筋道を立てる」ことを同時に行うのが難しいのである。だから、外山氏は「気軽に書いてみればいい」と言っているのである。

　それを邪魔するのが「もうすこし構想をしっかりして」という「多くの人に共通する気持ち」である。その気持ちを捨てればいいのだが、それができれば苦労はしない。ここで「TOSSメモ」の出番である。その利点は何か。

利点①　サイズ

「この小さなメモ帳1枚に書くぐらいならできる。」
　誰もがそう思うだろう。メモ帳だから「気軽に書いてみる」こともできる。
　しかも、TOSSメモは切り離すこともできる。気に入らなければ捨ててしまえば良い。1枚書けば、不思議と2枚、3枚と進んでいくものだ。

利点②　ミシン目とのり

　この2つが「構成」を可能にする。
　これによりまずは「材料を書き出す」ことに集中できる。一時に一事を実現できるのだ。
　発達障がいの子どもたちにとってはもちろん、どの子にも（プロにも）優しい方法である。

利点③　罫線

　この罫線があるから整う。文章を書くときもストレスにならない。薄い罫線だから無視することもできる。この自由度がたまらなく良い。思考のためのツールだから、些細な引っかかりが思考を止めることになる。TOSSメモはそのような引っかかりを生まないツールである。
　TOSSメモを使うことで、外山氏の言う「気軽に書く」ことが楽にできるようになる。この「気楽に書く」はTOSSメモ作文の1つの武器になる。

> 　書くのは線状である。一時にはひとつの線しか引くことができない。「AとBは同時に存在する」、と考えたとしても、AとBとを完全に同時に表現することは不可能で、かならず、どちらかを先に、他をあとにしないではいられない。
> 　裏から言うと、書く作業は、立体的な考えを線状のことばの上にのせることである。なれるまでは多少の抵抗があるのはしかたがない。ただ、あまり構えないで、とにかく書いてみる。そうすると、もつれた糸のかたまりを、一本の糸をいと口にして、すこしずつ解きほぐして行くように、だんだん考えていることがはっきりする。
> 　　　　　　　　　　　　　　　　　　　　　　　　　　　　(p.136)

どの子も書ける！「TOSSメモ作文」
TOSSメモ活用で生まれる新たな教育実践（国語編） IV

　これを可能にするのが「こざね法」である。こざね法は、つながりのあるカードとカードをホチキスで留めていき、1つのまとまりをつくる。つまり、「立体的な考えを線状のことばの上にのせること」を作業化したのがこざね法だと言える。
　だが、そのこざね法にも弱点がある。それが「ホチキス」である。前述のように、ホチキスで止めるのは、わずかだが手間がかかる。後から違う組み合わせにするためには破るかホチキスの針を取るかしかない。非常に面倒だ。
　これをTOSSメモに替えることで、このような面倒な作業からは解放される。なぜなら、TOSSメモの裏には「のり」がついているからだ。付箋と同じように貼ったりはがしたりが自由にできる。
　TOSSメモ作文を提案するなら、この「こざね法」を体感させたい。

> 　頭の中にたくさんのことが表現を待っている。それが一度に殺到したのでは、どれから書いたらよいのか、わからなくなってしまう。ひとつひとつ、順次に書いて行く。どういう順序にしたらいいかという問題も重要だが、初めから、そんなことに気を使っていたのでは先へ進むことができなくなる。とにかく書いてみる。
> 　書き進めば進むほど、頭がすっきりしてくる。先が見えてくる。もっともおもしろいのは、あらかじめ考えてもいなかったことが、書いているうちにふと頭に浮かんでくることである。そういうことが何度も起れば、それは自分にとってできのよい論文になると見当をつけてもよかろう。　　　　　　(p.136-137)

　これもTOSSメモを使っていれば、自然に無理なくできる。TOSSメモの良さは、ミシン目で切り取り「1つ1つを分けられる」ということだ。あとで切り分けられるのだから、順番を気にすることなく思いつくままに書くことができる。途中で思いついたことも、TOSSメモに書けば良い。

> 　第一稿が満身創痍になったら、第二稿を作る。これもただ第一稿の訂正のあとを写しとるというのではつまらない。新しい考えをなるべく多く取り入れるように努めながら、第二稿を作り上げる。これもまた推敲する。それで目立って改善されたようだったら、第三稿を作る。もうこれ以上は手を加える余地がないというところに至ってはじめて、定稿にする。　　　　　　(p.138)

　TOSSメモ作文でこれをどう実現するか。書き出した材料をこざね法で組み合わせることで、第一稿ができあがる。ノートにはたくさんのTOSSメモが貼られた状

態だ。
　それを「満身創痍」状態にするための手立てが必要だということだ。TOSSメンバーならサークルがあるが、教室の子どもならどうするか。
　最低限必要なものは、「アウトプットの場」である。アウトプットは2種類、「話す」か「書く」だ。作文指導ではどちらを選ぶか。

> メモを見ながら話させる。

　これが絶対のおすすめである。
　通常ならTOSSメモを見ながら作文に書かせるだろう。しかし、これは時間がかかる上に個人差も大きくなる。ところが、メモを見ながら話すのは個人差が生まれない。話すことができれば、作文は半分できたようなものだ。その上で作文をさせれば、どの子もスラスラと書き始める。ここまでが「第一稿」作りと言っても良い。
　その原稿を読む場があると良い。声に出して読むと、引っかかりが見つかるものだ。これが「第二稿」作りになる。さらに全体の場での発表も設定することができる。

> 　思考は、なるべく多くのチャンネルをくぐらせた方が、整理が進む。頭の中だけではうまくまとまらないことが、書いてみると、はっきりしてくる。書きなおすとさらに純化する。ひとに話してみるのもよい。書いたものを声に出して読めば、いっそうよろしい。
> (p.139)

> 　声を出してみると、頭が違った働きをするのかもしれない。ギリシャの哲学者が、逍遙、対話のうちに、思索を深めたのも偶然ではないように思われる。沈思黙考は、しばしば、小さな袋小路の中に入り込んでしまって、出られないことになりかねない。
> (p.154)

　このように意図的にアウトプットの場を増やすことで、「満身創痍」になる回数を増やしていける。それがアイディアの「昇華」にもつながっていく。
　ここに書かれていることは、TOSSメモ作文がまさにそうである。

> ①　人に話す。
> ②　人から問われる。
> ③　書き出す。
> ④　組み立てる。

どの子も書ける！「TOSSメモ作文」
TOSSメモ活用で生まれる新たな教育実践（国語編）

このような活動を取り入れたが、アウトプットを意識するともっと違う組み立てが考えられそうな気がしてきた。

5 TOSSメモ手紙作文

TOSSメモを使って5・6年生に手紙の書き方指導を行った。

手紙の難しさは「形式」にある。それをわかりやすく教えようと試みたのがこの「TOSSメモ手紙作文」の実践である。

⑴ 学習指導要領における「お礼の手紙」の位置づけ

お礼の手紙を書く指導は低・中学年の国語の授業にある。

> 第1・2学年…伝えたいことを簡単な手紙に書くこと。
> 第3・4学年…目的に合わせて依頼状、案内状、礼状などの手紙を書くこと。

手紙を書くことは、中学年までに一通りの内容を押さえることになっているのだ。『小学校学習指導要領解説　国語編』には、次のように書かれている。

> 　手紙を書く学習では、相手を明確にして伝えたり、返事をもらったりという交流を重視する必要がある。低学年では形式を重んじることよりも、短い文や伝言でもよいので、書いた手紙で交流する楽しさを感じ取らせるようにすることが大切である。
> (p.45)

> 　実用的な文章としての手紙を書く言語活動である。
> 　ここでは、地域での体験学習の指導を依頼する手紙、学校行事について案内をする手紙、地域の方にお世話になったことへのお礼の手紙などを書くことが考えられる。
> 　その際、表書きに宛て名や住所などを正しく書くことや、後付けにおける署名と宛て名の位置関係といった基本的な形式なども押さえることが求められる。
> (『小学校学習指導要領解説　国語編』p.74)

低学年では「交流」が重視されているが、中学年では「基本的な形式」を押さえることが求められているのがわかる。高学年では、外部講師等とやりとりをする機会も必然的に増えるだろう。低・中学年で習ったことを活かして、実際に手紙を書

く経験を積んでいくのが高学年の学習である。

⑵ **手紙を書くために必要な3つの要素**
　手紙を書くためにはいくつかの要素があるが、私はそれを3つだと考えた。

> ①　自分の伝えたいことを見つける。
> ②　その伝えたいことを構成する。
> ③　基本的な形式にそって書く。

　手紙を書くのも、通常の作文と基本的には一緒だ。頭の中で「情報収集」すると同時に「構成」していくということが求められる。これだけでも大変なのだが、手紙の場合はさらに「形式」に当てはめながら書くことも要求される。低学年から中学年に上がる段階で、ぐんとハードルが上がるのである。
　では、高学年になれば自然に手紙が書けるかと言えば、そうでもない。
　なんとなく習ったという記憶はあっても、さっと思い出せる子は少ない。手紙を書くという経験が圧倒的に少ないのだから、定着しないのは当たり前だ。
　総合的な学習の時間に米作りに取り組んだ。地域の方にお世話になり、先日、稲刈りを終えた。そのお礼の手紙を書くために、次のように授業した。

> 1　お礼の手紙に書きたいことをTOSSメモに書く。
> 2　つながりのあるものをくっつけていく（こざね法）。
> 3　郵便テキストを使って、手紙の形式を知る。
> 4　自分のTOSSメモを形式に沿って分類する。
> 5　足りない所を補う。

　続けて、授業の詳細を紹介する。

⑶ **思いつくままに書き出し、つながりを見つける**
　子どもたちに、稲刈りのお礼の手紙を書くことを伝えた。
　「お礼の手紙に書きたいなと思っていることを、思いつくままに、どんどんTOSSメモに書いていきなさい。」
　1学期からTOSSメモや付箋などを使って書き出すことをくり返してきたので、1枚に1つのことを書くというのはできている。
　ある程度TOSSメモがたまってきた段階で次の指示を出した。

どの子も書ける！「TOSSメモ作文」
TOSSメモ活用で生まれる新たな教育実践（国語編）　Ⅳ

「これとこれはつながりがありそうだと思えるものを見つけて、つなげていくことを『こざね法』と言います。」

そう言って、「こざね」の意味も教えた。なぜ「こざね法」という言葉を教えたのか。

> 「つながりがありそうなメモを見つけて、メモとメモをくっつけなさい」という指示を「こざね法」という一語に集約できる。

「つながりそうなものを見つけて、こざね法でまとめてごらん。」
「全部をくっつける必要はありませんよ。つながりそうかなと思ったものだけでいいです。」

1学期に私は「分類」させたこともあったが、「つながり」を見つけるのと「分類」させるのとでは、頭の働き方が異なる。

最初はこの違いがよく分からず「分類」させていたのだが、そうなると子どもたちはまずグループという「箱」を用意し、そこに入れていこうとするようになるのだ。うまくいえないのだが、思考が固定化してしまうような印象を受けた。

そんな思いを持って梅棹忠夫の『知的生産の技術』を読み返したとき、次の文章が目に飛び込んできた。

> つぎは、この紙きれを一枚ずつみながら、それとつながりのある紙切れがほかにないか、さがす。あれば、それをいっしょにならべる。このとき、けっして紙きれを分類してはいけない。カードのしまいかたのところでも注意したことだが、知的生産の目的は分類ではない。分類という作業には、あらかじめ設定されたワクが必要である。既存のワクに素材を分類してみたところで、なんの思想もでてこない。
>
> 分類するのではなく、論理的につながりがありそうだ、とおもわれる紙きれを、まとめてゆくのである。何枚かまとまったら、論理的にすじがとおるとおもわれる順序に、その一群の紙きれをならべてみる。そして、その端をかさねて、それをホッチキスでとめる。これで、一つの思想が定着したのである。
>
> こうしてできあがった紙きれのつらなりを、わたしは「こざね」とよんでいる。
>
> （『知的生産の技術』p.203）

「知的生産の目的は分類ではない」と梅棹ははっきりと述べている。
「分類」と「つながり」、似ているようだが気をつけなければ、子どもたちに「知

的生産」を体験させることはできないのだ。

⑷ TOSSメモを手紙の形式に沿って分類させる

　こざね法でまとめ、書きたい順番に並べかえさせる。この次にやることはこれだ。

> 手紙の形式に沿って書かせる。

　「手紙には形式があるんだけど覚えていますか？」
　「全員起立。手紙は大きく4つの部分で構成されています。4つとも言える人は座りなさい。」
　「何だったっけ!?」と慌てる子どもたち。それをニコニコ（ニヤニヤ？）しながら、「じゃ、3つ言える人は座ってもいいよ。」などとやりとりをするのも楽しかった。
　前文・本文・末文・結びの4つであることを押さえた後、手紙の書き方テキストを配ってどのようなことを書くのかも確認した。B4の用紙を1枚渡し、3本線を引いて4等分させた。上に「前文・本文・末文・結び」を書かせ、こう言った。

> 自分の書いたTOSSメモはどこに入りますか。置いてごらん。

　これがこの授業の最大のポイントである。
　形式を知った上で、自分の書いたTOSSメモを分類する。面白いほど、皆、同じ結果になった。

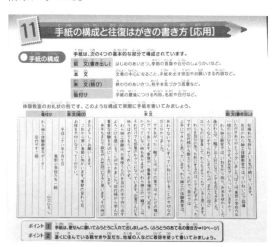

平成28年度　手紙の書き方テキスト

ほとんど本文しかない。

　言い換えれば、「前文・末文・結び」がほとんどないのである。
　まず、自分の頭にあることをTOSSメモに書き出し、その後に手紙の形式に沿って分類してみたからこそ、実感を伴ってわかったようである。
　「自分に足りない部分がわかりましたね。足りない所は

IV どの子も書ける!「TOSSメモ作文」
TOSSメモ活用で生まれる新たな教育実践（国語編）

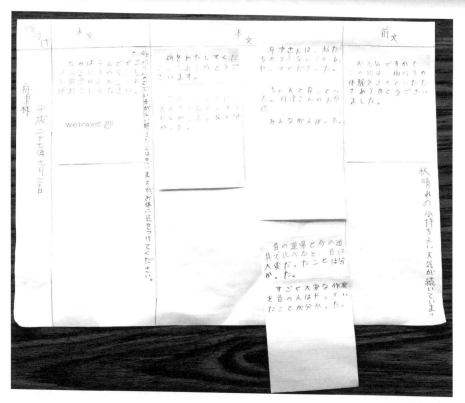

書き足してごらん。」

　テキストを参考にして書くように言った。TOSSメモに前文などを書いて貼ろうとした子もいたが、B4用紙ではTOSSメモを貼るには少し紙が小さかった。これは大きな反省点である。

　そこで、前文・末文・結びはそのままB4用紙に書き込ませるようにした。そして、できた子からメモを見ながら内容を発表させた。

　ここでは全部聞く必要はない。ほとんどの子が書けていなかった前文と末文だけを読ませていき、合否と修正点を残り時間で教えていった。ここまでが1時間の授業である。

(5) 作文を書く前に「話す」ことで内容をチェックする

　これで清書して出すはずだったが、脱穀の時期が思っていたよりも早まったため、お礼の手紙に脱穀のことも入れることになった。もしも、これを作文用紙にそのまま書いていたら、頭の中で再構成をやり直さなければならない。

しかし、TOSSメモならばこのような緊急事態にも難なく対応できる。

> TOSSメモなら簡単に追加し、構成し直すことができる。

子どもたちに脱穀のことを追加で書かせたが、その書いたTOSSメモを見ながら再構成していた。
並び終えたら後はチェックするだけである。まだ作文は書かせない。

> TOSSメモを見ながら話させ、合格したら作文を書かせる。

構成が早く終わった子から持ってこさせる。教師はそれを聞きながら、おかしな所はないかチェックするだけである。聞きながらチェックする方が、書いた作文をチェックするよりも遙かに楽だ。

> 不要なところがあればTOSSメモをはがせば良い。
> つながりがおかしければTOSSメモを入れ替えれば良い。

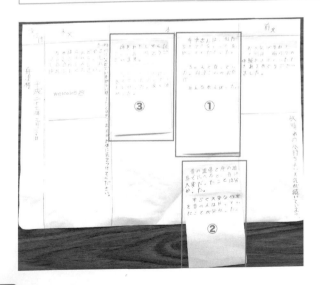

TOSSメモを並べただけではまだその前後のつながりは薄い。言語化することでメモ同士のつながりがはっきりするようになる。子どもたちは接続詞を使ってつないでいくようになる。

子どもたちにも大きなメリットはある。一度作文を書いて、それを全面的に直すようなことはなくなる。一度話してみる

どの子も書ける!「TOSSメモ作文」
TOSSメモ活用で生まれる新たな教育実践（国語編） **IV**

ことで、手紙全体のイメージがつかめる。

「先生、付け加えても良いですか？」

そんな風に言う子が必ず出てくる。もちろん、認める。これはメモを見ながら話したり、書き始めたりする中で新たなアイディアが思いついた証拠である。

最後に、書き上げたものをチェックして終わりである。こうして2時間で知的生産の方法を教えつつ、お礼の手紙をどの子も完成させることができた。

6 TOSSメモ・TOSSノート活用の国語自己学習システム

　子どもたちがTOSSメモやTOSSノートを使いこなし、自分の考えをまとめていく。そんな知的生産の技術を子どもたちに身につけさせたいとずっと思ってきた。これを国語の物語教材で挑戦してみた。

⑴ 学習技能を身につけさせることの大切さ

　社会科では、向山先生が行ったKJ法活用の「自己学習システム」がある。これはまさに知的生産の技術を子どもたちに身につけさせる実践である。

　学習内容だけでなく、学習技能も身につけさせる向山型の典型的な例の1つであると私は思っている。

　なぜ学習技能まで身につけさせることが大切なのか。以前、岩田史朗先生のダイアリーにあった向山先生のコメントが非常にわかりやすい。

> 食料の魚を与えるより　魚の取りかたを身につけさせることの方が　100倍も　1000倍も大切なんだ　魚の取りかたとは　つりざおの使い方だ　TOSSノート　TOSSメモの使い方がそれに当たるんだ

　この視点で見れば、向山実践が次々とつながっていく。向山学級の子どもたちが驚異的な能力を発揮できた理由の1つは、このような「魚の取り方」を身につけて

いたからだろう。TOSSメモ、TOSSノートにはその可能性が秘められている。

> 向山実践を進化させるためのツールが「TOSSメモ・TOSSノート」である。

少なくともそう私は理解している。
　この2つのツールの良さを活かした授業実践を開発していく必要性をひしひしと感じていたが、自分なりに納得できる形で授業化できたのは初めてだった。

⑵ 情報を取捨選択させることが助走になる

　国語「注文の多い料理店」の授業だった。
　見開き2ページを開かせ、「本当のしんしと言えるか？」と左上にタイトルを書かせた。そして、「しんし」の意味を辞書で引かせた。「上流社会の人。上品で礼儀正しく、教養の高いりっぱな男性。」とあったので、これを写させた。
　「2人は本当にしんしと言えますか？」
　以前にこの教材を教えた時には、2人の紳士像をきちんと読み取れていない子が多く、このように発問したのを覚えている。
　今年担任している子どもたちは、全員が「紳士とは言えない」と答えた。
　「なぜそう言えますか？」
　そう聞くと、「え!?」と一瞬子どもたちも止まった。感覚的にはわかっても、それを分析的には考えていないということなのだろう。

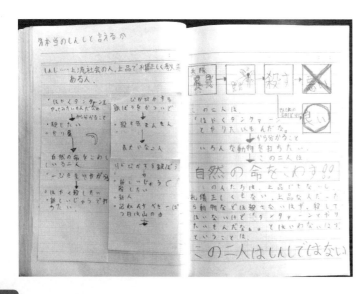

だからこそ、学習技能として一度身につけさせることができれば、子どもたちは分析的に物事を考えていけるようになるはずである。
　まず、教科書の最初の2ページを読ませた。
　「紳士の性格がわかるような

行動やセリフがあるはずです。それを見つけて線を引いてごらん。」
　これが助走である。

> 線を引くというのは情報を取捨選択し、抽出する作業である。

　これにより教科書という第一次情報が、第二次情報へと変換される。これは『思考の整理学』で学んだ視点である。

(3) 矢印によって「分析」させる

　抽出した情報をどうするか。ここからがTOSSメモの出番である。

> 線を引いたところをTOSSメモに写しなさい。
> 全文でなくても、キーワードだけでもかまいません。

　これだけならどの子もできる。とりあえず最初の1枚目を子どもたちに書かせた。

> その下に矢印を描いて、その写した言葉や文からどんなことが考えられることを書きなさい。

　教科書の引用をもとにして、自分の解釈を書くことになる。
　これも全員ができた。最初に教科書に線を引かせた段階で、子どもたちの頭の中には「紳士の性格を読み取る」という視点で選別している。
　一度自分の頭の中をくぐらせた状態だから、すぐに書けるのである。やり方が分かれば後は簡単だ。これをひたすら積み重ねていけば良い。
　15分ほど自分で学習を進める時間をとった。子どもたちは1人あたりTOSSメモ3～7枚を使っていた。私が事前にやってみた時には5枚だったので、これぐらい書ければ良いと考えていた。

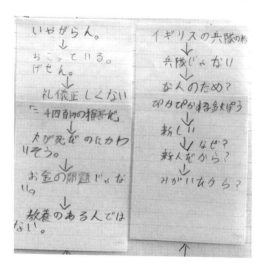

⑷ **TOSSメモに書かせる利点は何か**

　TOSSメモに書かせる利点は何なのか。

> 「分析」する作業を細分化できる。

　「分析」と聞くと大変な作業のように感じるが、実際には1つ1つ小さな積み重ねをしていけば誰でもできることなのだ。
　そして、その積み重ねを続けていくことで次の状態が生まれる。

> ミニ分析が蓄積され、本格的な分析のための準備が整う。

　ミニ分析の蓄積があるから全員が「分析」できるようになるのである。
　ここまでの手順をもう一度確認する。

> ① 教科書から必要な情報を収集する。
> ② 1つ1つの情報に対する自分の考えを書く。
> ③ 似た考えを集めて1つの意見にまとめる。
> ④ 伝えるための順番を考える。

　これらを視覚化・作業化できるのもTOSSメモの良さと言えるだろう。

⑸ **子どもたちが静かに熱中した「まとめ」**

　この後の作業は一気にやらせた。次の4つの手順だけを簡単に伝えて、あとは子どもたちに任せた。この段階では基本的に何も教えていない。まとめ方も自由である。

> ① TOSSメモを左ページに「貼る」。
> ② 似ているTOSSメモを「つなげる」。
> ③ TOSSメモを見ながら気づきを「書き込む」。
> ④ 自分の考えを右ページに「まとめる」。

　こちらが何も言わなくとも、TOSSメモを見ながら、つなぎ合わせたり、移動させたりしていく子どもたちの様子を見て、なんだか鳥肌が立つような感じがした。
　そして、思い思いに書き込み、右ページに自分の考えをまとめていった。1人1人のノートを見て回ったが、どれ1つとして同じものがない。みんなが自分なりの

どの子も書ける！「TOSSメモ作文」
TOSSメモ活用で生まれる新たな教育実践（国語編） IV

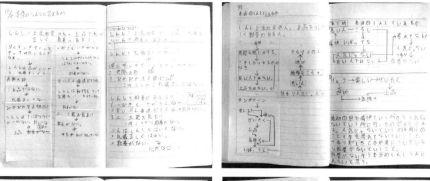

どのノートも左ページでTOSSメモを組み合わせ、右ページに自分の考えをまとめるという点では同じである。しかし、できあがったノートはそれぞれの個性がはっきりと見られるものになっていた

まとめ方でまとめていることに驚くと共に、今までにない大きな手応えを感じた。
　このまとめまでに10分ちょっと時間を使ったところでチャイムが鳴った。その後、給食を早く食べ終わった後の隙間時間に5〜10分かけてどの子も完成した。

⑹「自分なりのやり方」でまとめさせるからダイナミックになる
　なぜ、書き込み方やまとめ方も自由にさせたのか。
　それは、向山型ノートまとめがそうだからである。

> 私は「自分なりのやり方」でノートをつくらせる。
> どんな方法でもいいというわけだ。
> しかし、必ず評価をする。
> そして、上達したり、まとまっていたら、うんと誉める。
> 阿波踊りと同じである。

(『教え方のプロ・向山洋一全集』第43巻「向山洋一の授業編・教材編」p.166)

　この「自分なりのやり方」が極めて大事なのである。みんな「同じテーマ」でまとめたのに、できあがったものは「全然違う」。そのノートと共に向山先生の評価を聞きながら、どの子も「そうか、もっとこうすれば良かったのか」「次はあんなふうにしよう」と思っていたはずだ。それが間違いなく次への原動力となっていく。
　良いノートをお手本として先に示す方法もあるだろう。それは間違いなくゴールへの最短距離だ。子どもたちの力を一気に引き出すことにもなるだろう。しかし、多様性は生まれにくい。枠が決められてしまうからだろう。優等生や器用な子が真っ先に上達していき、やんちゃな男子や不器用な子たちの活躍の場は少ない。少なくとも、自分自身のこれまでの実践はそうだった。
　ダイナミックさという点では、やはり「自分なりのやり方」の方が遙かに勝る。
　「自分なりのやり方」には足りない部分もあるだろう。しかし、個々のやり方の中にはキラリと光る部分が必ずあるはずなのである。それも多種多様な輝きである。
　その小さな輝きを見つけほめてやることで、その小さな工夫は学級全体に一気に広がっていくはずだ。法則化運動の初期に「ごみを十個拾いなさい。」という石川裕美先生の論文を向山先生が絶賛した時のように。
　今回、「自分なりのやり方」でやらせてみて、子どもたちのノートの多様さに驚くと共に、自分たちだけで学習を進めていける「自己学習システム」の確立に一定の手応えを得ることができた。
　これを他の教材、他の教科にも応用し、討論や評論文にまでつなげていくのが当面の私も目標である。

(7) 子どもたちの感想

　日記に授業の感想を書いてきてくれた子たちがいたのでそれを紹介する。
■国語の時間、5・6年生は初めてのことに挑戦していました。
　「はじめてのこと」とは、国語の勉強の「注文の多い料理店」のお話に出てくる「2人の若いしんしは、本当のしんしと言えるか」についてノートにまとめることです。
　初めてで、やったことがなかったので、（大変そうだなー）と思っていました。でも、やってみると、まとめるページが足りないと思うくらい、考えが出てきて楽しかったです。勉強が楽しく思えることはすごいと思いました。
　Aさん、Bさん、Cさんたちが、スラスラと書いて終わらせていたからすごいと思いました。

IV どの子も書ける！「TOSSメモ作文」
TOSSメモ活用で生まれる新たな教育実践（国語編）

社会の勉強のように表でやっている人がいたから、活かしていていいと思いました。みんなのまとめが見たいです。
（5年女子）

■ぼくは上に図を描き、下に文を書きました。図は少し迷ったけど文は5分でできました。ぼくが出すのと同時にD君もできました。出すと先生が、
「本当にみんなちがうな。」
と言っていました。先生は何の指示もしてないから、それぞれのまとめ方のくせも分かりだしてくるんじゃないかなあと思います。
これからまとめ方を知って使っていけるようになりたいです。
（5年男子）

■最初に「自学ノート」と言われた時は、びっくりしました。
国語の時間、「注文の多い料理店」についてまとめました。
一番難しかったところは、右ページです。ノートまとめとはまた違い、表にしてまとめるというのも、比べるものが少なく難しいです。
私は、文章で書き、少し図を付け加えました。1、2、3というふうに文章で書き、そして、「このように○○は○○」というふうに書きました。
ノートまとめとは違ってまとめるのが難しかったです。
しかし、表にしている人、文章で書いている人、それぞれいてすごいなと思いました。
またこんなことがあれば、今日とは違い、他の人のを参考にして、表などを使ってみたいなと思うし、うまく整理ができるようがんばりたいです。
（6年女子）

⑻ A4のTOSSノートΩが必須

今回の授業を通して、自分は今まで全然わかっていなかったのだと思えたことがある。

A4・TOSSノートΩの価値

子どもたちには「TOSSノート」を使わせ、自分自身は罫線が細い「TOSSノートα」を使っていた。教材研究ノートには、A4の「TOSSノートΣ」を使っていた。A4で広い上にページ数が多く、1学期分の教材研究を1冊にまとめるのにちょうど良かったからだ。

TOSSメモとTOSSノートを活用した新たな実践に挑戦した。ここで使用したのは、子どもたちが普段使っているB5のTOSSノートだった。そして実践してみて実感した。

> B5ノートは、TOSSメモを活用して思考を深めるには狭い。

　TOSSメモを左ページに貼らせたが通常なら4枚、重ねたとしても6枚程度が限界だろう。そして、さらにもう1つ困ったことがおきた。

> 中綴じに近い部分のTOSSメモがはがれる。

　中綴じ部分はどうしても膨らんでしまう。この膨らんだ部分にうまくTOSSメモののりがくっつかないではがれてしまうのだ。
　TOSSメモを上手に貼れば多少は回避できるのだが、子どもたちはそこまでは考えない。できあがったノートを見ると、TOSSメモがはがれそうになっていたので、スティックのりで貼って固定した。
　しかし、おかげでTOSSノートΩの価値がわかった。

> どのページを開いてもフラットである。

　まさにTOSSメモのために開発されたノートと言っても良い。
　よく考えれば、私も模擬授業や講座を考える時には、同じA4でも、ΣではなくΩを選択することが多かった。TOSSノートΩの価値は3つにまとめられる。

> ①　見開きA3の広いスペース。
> ②　しかも、どのページを開いてもフラット。
> ③　閉じれば安全にTOSSメモを保管。

　一言で言うならこうなる。

> 子どもの知的生産技術を支えるノート

　今回の実践を終え、急いで研究所に50冊注文した。もちろん、子どもたちに使わせるためだ。

どの子も書ける！「TOSSメモ作文」
TOSSメモ活用で生まれる新たな教育実践（国語編）Ⅳ

このA4・TOSSノートΩとTOSSメモを使って、新たな実践に挑戦していく。

7 TOSSメモ3枚で全員が1分以上のスピーチ

　作文とスピーチは表裏一体の関係である。TOSSメモを使った作文指導をスピーチに応用した。TOSSメモを3枚書くだけで1分以上のスピーチができたのである。しかも、このスピーチがそのまま作文になる。今回は1時間かけて実践したが、慣れれば15分でスピーチまではできる。

⑴ 問いを作ることで内容を生み出す

　今回のスピーチのテーマは「卒業式の歌の練習」とした。この実践のポイントは「問い」である。「問い」が作文の質を決めるからである。しかし、一番難しいのも「問い」作りである。
　以前、説明文を読んでどんな問いが作れるか調査したことがある。調査対象は30人ほどだったので、作文力との関係ははっきりとはわからなかった。
　しかし、たった1つはっきりとわかったことがあった。

> 　学力の低い子、日記を書くのが苦手な子は問いを立てることが苦手である。

　これはどの学級でも共通して見られる現象だった。
　問いを作る能力はどうすれば向上するのか。まずは、問い作りをたくさん経験させることは必要だろう。しかし、どのような問いを作れば良いか子どもに少し迷いも見られた。
　「1問できたら持ってきなさい。」
　そう指示して次々に板書させていった。どんなふうに問題を作ったら良いかわからない子が1人いた。だが、黒板に書かれる問題を見ていたらイメージができたようだ。少し遅れて前に出てきた。
　問いを評定した後、できるだけたくさん問いを書くように言った。
　この問題を作る過程が「自己学習システム」である。問題を作ることができれば、自ずと答えも見えてくるものである。この時点で作文の内容は大まかにできたようなものである。
　「自分が良いと思った問いを3つ選びなさい。」「TOSSメモに写します。」
　もう子どもたちは慣れたものである。言われなくとも1枚に1問ずつ書いていた。

169

> ■どうして〜か。
> ■なぜ〜か。

　ほぼこの形の問いだった。評定が影響していたのだろう。
　問いの答えはまだ書かせない。まずは話させる方が良い。
「1枚選んで、問いの答えを隣の人に言いなさい。」
　相手がいれば話さざるを得ない。これをペアでお互いにやったら座るというようにした。早く終わった子には、「今、話したことをメモしておいて良いですよ。」と伝え、問いの下にメモを書かせた。
　これは簡単にで良い。あくまでも時間調整であり、後から思い出すきっかけの1つでしかないからである。残りの2枚は同じことの繰り返しだから簡単である。

⑵ **メモを並び変えて構成する**
「3枚を話す順番に並び替えなさい。」
　子どもたちはTOSSメモを動かし、矢印や番号を入れながら整理していた。
「では、ノートを見ながらスピーチをしてもらいます。」
　子どもたちは突然の私の言葉に驚いていたが、すぐに立候補者が現れた。
　スピーチが始まった。驚いたのはその長さだった。どの子も1分から1分半のスピーチになった。そして全員が半即興でできたのである。原稿は書いていない。メモだけである。たった3枚のメモでこれだけ話せるとは思わなかった。
　メモを見てスピーチまでできれば、作文にするのは楽である。ハードルがぐんと下がる。

⑶ **見えてきた課題**
　課題もはっきりした。子どもたちはメモに次のように書いている子が多かった。

> なぜ〜か。
> 　① ……
> 　② ……
> 　③ ……

　これをスピーチにするとこうなる。

IV どの子も書ける！「TOSSメモ作文」
TOSSメモ活用で生まれる新たな教育実践（国語編）

> 1つめに考えたことは、なぜ〜かということです。
> 1つめは、〜です。
> 2つめは、〜です。
> 3つめは、〜です。

上手い子はこうしない。

> まず、なぜ〜かと考えました。
> 1つめは、〜です。
> 2つめは、〜です。
> 3つめは、〜です。

あるいは次のようになる。

> 1つめに、なぜ〜かと考えました。
> 〜だからです。
> それは、〜です。
> だから、〜です。

「1」が重ならないように配慮できるのだ。もっと上手い子はさらに少し付け加える。

> まず、なぜ〜かと考えました。
> 1つめは、〜です。〜とは、……です。

こうした力もまたつけていきたい。

8 簡単・きれい！ TOSSメモ活用のリーフレット作り

　5年国語の教科書にリーフレット作りが登場する。リーフレット作りはTOSSメモと相性が良い。今回のテーマは「委員会活動」。1年間の活動を振り返り、リーフレットにまとめる学習である。

⑴ TOSSメモの良さを二重に活用したリーフレット作り

　委員会活動は、自分が経験していることなので書く内容には困らないという良さがある。ただし、リーフレット作りには2つの要素がある。

> 1　書きたい内容を考える。
> 2　レイアウトを決めて書く。

　この2つを同時進行にするから難しい。最近の教科書はこの2つを分けている。ところが、それでもまだ粗いのだ。
　例えば、「書きたい内容を決める」ことの中にもこれだけの要素がある。

> ①　これまでの委員会での活動を振り返る。
> ②　活動を報告するために必要なことがらを考える。
> ③　報告の中心にしたいことを考える。
> ④　わかりやすい報告のために必要な資料を考える。
> ⑤　構成を考える。
> ⑥　以上のことをメモに表す。

　これだけ複雑な内容を一気にやることが求められているのである。このままではワーキングメモリの小さい子たちは混乱する。しかし、TOSSメモを使えばこれらの提案はクリアできる。今回は2つの部分で使うことにした。

> A　内容と構成を考えるためにTOSSメモを使う。
> B　レイアウトを決めるためにTOSSメモを使う。

　2年前にもTOSSメモを使ったリーフレット作りを行ったが、2種類の方法で使ったのは今回が初めてである。

⑵ TOSSメモで内容と構成を考える

　TOSSメモに活動報告の内容を書き出し、TOSSノートΩ上で整理する授業である。A4のTOSSノートΩは広くてフラットなので、TOSSメモを操作するのにピッタリだ。
　まず授業の流れを把握するために教科書を読んだ。委員会名・時間・場所・構成員はノートに直接書かせた。そして、メインの活動報告を考える場面でTOSSメ

IV どの子も書ける！「TOSSメモ作文」
TOSSメモ活用で生まれる新たな教育実践（国語編）

を使った。

TOSSメモにはまず、活動名だけを書かせた（写真上）。

思いつくままTOSSメモに1行で書いていく。ちょうど見出しをつけていくような感じだ。

「くつそろえチェック」「グリーンカーテン」……といった具合にである。

次に活動の説明を書かせた（写真中）。

「矢印（↓）を書いて、下に活動内容や結果を書きなさい。」

矢印を書く＝「詳しくする」というのは学習済みである。1つやればやり方は分かる。自然に繰り返しも取り入れていることになる。

TOSSメモの良いところは思いついた所から書いていけることである。書けなければ別のTOSSメモに移れば良い。だから、ワーキングメモリにかかる負荷はぐんと下がる。これで素材が集まったことになる。

早く終わった子には「赤鉛筆で大事なところ

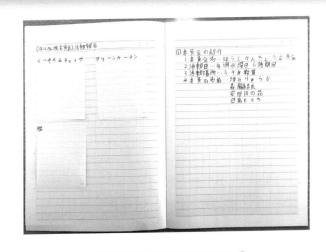

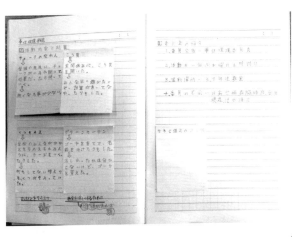

に線を引きなさい」と言う。これだけで後から見返した時にも頭に入りやすくなる。しかも、空白の時間も埋めてくれるのでおすすめの方法である。

　最後にグループ分けをして終了（前ページ写真下）。

　ここまでの授業を整理する。

1　「あなたの委員会ではいくつの活動をしましたか。」
2　「TOSSメモに活動を書きます。」
　　　1枚に1つ。1行目に書いていきます。」
3　「矢印（↓）を書きます。
　　　その下に活動内容や結果を書きなさい。」
　　（早くできた人は、大事なところに赤えんぴつで印をつけなさい。）
4　「活動を2つに分けるとしたらどう分けますか。」
5　「どんなグループに分けたのか黒板に書きなさい。」（評定）
6　「3つに分けるとしたらどうしますか。」（数人に言わせて評価）
7　「今度は自由にまとめてごらん。」

---

(3) 工夫を余白に書き込ませる

　次は「リーフレットの工夫」を考えさせる場面だ。

　教科書から工夫を見つけさせた後、見出しや図表の入れ方などを教えた。

　TOSSノートΩに貼ったTOSSメモとTOSSメモの間には余白があるのでそこに書き込んでいかせた。やらせっぱなしでは駄目だ。1つ見出しをつけたら発表させる。それに対して短くコメントを返す。このようなやりとりが他の子の参考になる。この繰り返しが必要なのである。

　教科書の見本には3つの活動報告それぞれに「グラフ」「挿し絵」「写真」がついている。わかりやすく伝えるための工夫である。

　自分ならどれを使うか。これも余白部分に書き込ませていった。

1　教科書のリーフレット見本を読ませる（活動報告が3つある）。
2　「活動報告1を見なさい。この中に工夫があります。何ですか。」
3　「この3つに共通することがあります。何ですか。」
4　「ノートを開きなさい。見出しをつけてごらん。」
5　「1つできたら発表。」（評価）
6　「図や表、絵など、どこに何を入れるのか書きなさい。」

Ⅳ どの子も書ける！「TOSSメモ作文」
TOSSメモ活用で生まれる新たな教育実践（国語編）

⑷ 書いたメモを言葉にして「つなげる」

TOSSメモに書き、操作してまとめた。ここまでで全体の大まかな設計はできた。

しかし、リーフレットの清書に進む前にやっておかなければいけないことがある。

> 言葉にする。

文章化する前に、TOSSメモを見ながら「話す」段階をいれるのである。これは川喜田二郎の「KJ法AB型」と似ている。

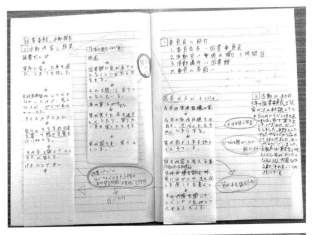

TOSSメモで図解した状態のノートを見ながら話すことで文章に変換しているのである。これでメモとメモのつながりなども確定され、この後の文章化が容易になるのである。

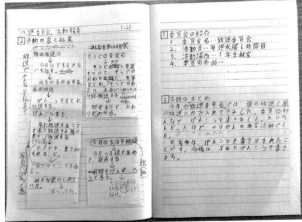

「全員起立。ノートを見ながら、隣の人に活動報告1を説明します。」
「2人とも終わったら座ります。」

全員が終わったところで列指名をして言わせる。1人につき、1つか2つコメントを言っていく。これが「学習」になる。子どもたちは私のコメントを聞きながら、気づいたことや修正点は赤えんぴつで書き込んでいた。

同じように活動報告の2と3も隣同士でやらせる。

次に、活動のまとめを書かせた。いきなり書けというのは少々難しい。教科書の例文を読ませた。

「まとめには、いくつのことが書いてありましたか。」「3つです。」
　これまでにも同じようなことを何度も聞いてきたので、子どもたちからはすぐに答えが返ってきた。
「何と何と何ですか。」
「活動内容とお礼と反省です。」
　このように確定した上で、例文を参考に自分のまとめを考えさせる。
「全員起立。自分のまとめを言ったら座りなさい。」
　半分ぐらいが座ったところで終了にした。
「では、挑戦する人。」「はい！」
　すぐに4人が手をあげた。その子たちを前に出させて発表させた。どの子も上手に教科書の文を変えながら発表していた。どの子もほめた。ここまでやって文章化である。ノートの開いた部分に「活動のまとめ」を書かせてこの時間は終わった。

⑸ リーフレット完成

　早い子と遅い子の時間差はそれほどなかった。ステップを踏んだからだろう。TOSSメモの役割は2つ。

---
① TOSSメモで内容を構成。
② TOSSメモでレイアウト。

　TOSSメモの罫線とのりがとても役立った。

「罫線」があるから整えて書ける。
「のり」があるから構成もレイアウトもできる。

　以下、完成したリーフレット（一部）である。

IV
どの子も書ける！「TOSSメモ作文」
TOSSメモ活用で生まれる新たな教育実践（国語編）

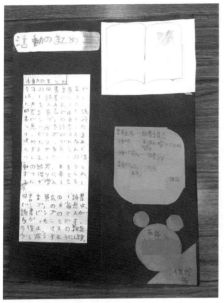
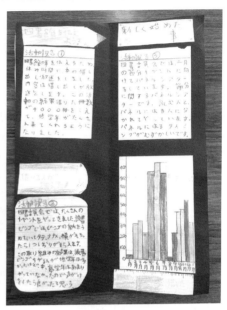

TOSSメモには薄い罫線が入っているので、字だけでなく、グラフや絵も書きやすい

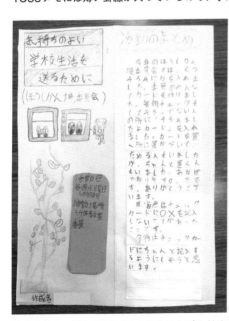

長く書きたい時にはTOSSメモをつなげるだけでOKである

9　知的生産の技術を体感させる！TOSSメモ活用の「スクラップ新聞」作り

毎日小学生新聞を使った授業を実施した。もちろん、TOSSメモも大活躍だった。学級児童数分の新聞を手に入れて授業した。

(1) 知的生産技術の授業①〜新聞の読み方を教える

まず、向山先生に教わったとおりに「新聞の読み方」をやった。

さっと見出しに目を通した後は、みんな思い思いに好きなページから読んでいた。蛍光ペンを取り出し、ラインを引きながら読んでいる子がいた。気になった見出しに印をつけている子もいた。紙を取り出して何やら折り始めた子もいた。新聞記事を見ながら「皿」を作っていたのだ。

> 全員が同じ「毎日小学生新聞」を持っている。

何といってもこのことが大きい。

1人1人好きな読み方をしているのにシーンと活動が続いていく。「静かに熱中している」とでも言えば良いだろうか。そんな状態がずっと続いた。

新聞1枚を教師が見せるのか、それとも児童全員が新聞を持っているのか。同じ新聞を使った授業でも、両者は全く違った授業になるだろう。しばらく読ませた後に聞いた。

「読んでみて、一番印象に残った記事を1つ言ってください。」

指名なし発表で言わせていった。

「自分の感想でも考えたことでもいいから、TOSSメモに書きなさい。」

「書けた人から前で紹介してもらいますからね。」

新聞を見せながら発表することにした。

早くできた5名の子に黒板の前で発表させた。書いている途中の子の手も止めさせ、発表を聞かせた。発表の目的は2つだ。

> ①　内容の共有化
> ②　内容の評価・確認

IV　どの子も書ける！「TOSSメモ作文」
TOSSメモ活用で生まれる新たな教育実践（国語編）

　全員の前で発表するから、その内容は自動的に共有化される。まだ書き終えてない子たちにとっては「あんな風にやればいいのか」という安心感を与えられる。早く終わった子たちにとっても、2つ目以降の感想を書く時の参考になる。
　教師の評価・確認が同時にできることも大きい。評価したことは広がっていくし、少しおかしなところがあってもその場で修正できる。それらのことも全員が共有できることは大切だ。だから、全体がレベルアップしていく。
　このように書き終えた子には順次、発表させていった。発表を終えた子には2枚、3枚……とTOSSメモに感想を書くように言った。ここまでやって1時間目の授業を終えた。

(2) 知的生産技術の授業②～記事と感想を自由に構成する
　せっかく全員に新聞があり、感想を書いたTOSSメモもある。
　もう一歩突っ込んで授業したいと考えていた。それが「ミニ新聞作り」だ。

> 　好きな記事を選んで感想を書く。
> 　それらを切り抜いて自由に構成する。

　これも知的生産技術を教える授業になるのではないかと考えたのだ。
　やり方は簡単である。

> 1　自分が感想を書いた記事を切り抜く。
> 2　八つ切り画用紙の上に記事とTOSSメモを配置する。
> 3　余白に書き込みをする。

　ポイントは「3」である。
　子どもたちは余白の処理に困ってしまう。ここに何を書かせるかだ。
　私は、大きく5つのことを子どもたちに教えた。

> ①　矢印
> ②　枠
> ③　見出し
> ④　解説
> ⑤　キャラクター

①の「矢印」は記事と記事とを結びつける役目がある。

「地震の被害」→「家具の固定」。

こう結べば「地震から身を守るために家具の固定をしよう」となる。因果関係を表せるのである。他にも、「震災当時」→「現在」のように時間の経過を表したりすることもできる。矢印が入るだけで知的なまとめになる。

②の「枠」は見た目を大きく左右する。3つの記事を並べて貼っただけだとのっぺらぼうのような新聞になってしまう。1つの記事とTOSSメモに書いた感想をぐるっと囲むことでまとまりが生まれ、紙面も引き締まる。困った時におすすめの方法である。

③の「見出し」もよく使った。新聞記事の見出しを切り抜いている子もいたが、それだけでは弱い。TOSSメモに書いた感想に目が行かないのだ。だから感想を要約し、一言で言うとどうなるか考えさせた。それをマジックで余白に書かせた。新聞記事と同じで見出しがあると読みたくなる。

④の「解説」も簡単である。わからない言葉を辞書で引き、それを余白に書かせるだけだ。やることがはっきりしているからどの子も取り組める。

⑤の「キャラクター」は言うまでもないだろう。セリフも書かせると良い。

以上、「新聞の読み方」と「ミニ新聞作り」を2時間で行った授業の報告である。

どの子も書ける!「TOSSメモ作文」
TOSSメモ活用で生まれる新たな教育実践(国語編) IV

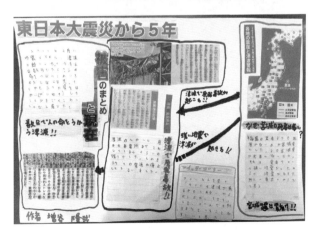

毎日小学生新聞　2016年4月7日(木曜日)

まだまだある！こんな活用法

番外編 毎小my活用法

現在、毎小では毎日、「毎小my活用法」を連載中です。動画の撮影やスクラップなど、さまざまな活用法を紹介しています。しかし毎小にはさらにたくさんの情報が寄せられていて、連載だけでは紹介しきれません！そこで今回は番外編として、連載からあふれてしまったユニークな活用法を紹介します。

震災紙面を使って授業

1人1部でスクラップ

3月1日の一部は小学生新聞は特別紙面、「震災から学ぶ防災特集号」でした。鳥取県南部町立南部原小学校（安田順弘校長、2015年度全校児童36人）の6年生学級で担任の太田浩史教諭（33）の指導で毎小新聞を使ったスクラップ新聞を作りました。この日は学級では、記事を抜いて貼るのではなく、記事の要旨を紛れていました。

切り抜いて感想を

太田教諭の指示は、5、6年生が同じ教室で学ぶ複式学級、1日の紙面は、新聞配達をする朝刊の紙面などから配布してもらいました。じっくり読み込み、「子どもたちに「好きなのからスクラップしなさい」「一人一人違って書き出してみよう。10分間で書きなさい」です。記事の使い方は、記事をメモに書きだし、自分の感想をメモに同じ100字までで書くことです。太田先生は「この接写した字のよう書きたいの写真も残す。」と言います。続いて、感想発表と自分の書いた内容を知ることができました。「借字の効果

記事の結びつきを理解

すると話します。
ここまでかかった時間は2時間。「これはいい」と本太田先生は「家族の感想」を書いてもらうようにします。矢田先生は「意見の集約」「家族の感想」を使って、「別の新聞活用法で「江戸」で大喜び。読み書きの話の興味を引き出す

「これはよい」と太田先生ら。「江戸時代の事件」「武士」「農民」の意見などの記事も書かれ、現代の新聞を持ち込んで江戸の火事を調べました。これが「感想集め」という、ある授業の様子。記事を手掛かりに現代と江戸時代の書きことを分かりました。「記事を読む力が分かる、江戸の事は素晴らしい」と太田先生は言います。

【活動日】

「全体を把握する能力を」

矢由先生は新聞の読み方を、こう指導しています。①まず新聞の見出しだけをさっと目を通す。②そして読みたい記事だけを読む。

そうです。新聞はこの読み方で、いろいろな記事の中から関心のある記事だけを読むことができます。戦面は、忌墓まる記事の横に事件の記事があったり、スポーツの話題の横に科学の記事があったりします。これが新聞の特徴です。

「学校ではどちらかというと『全面を丁寧に読みなさい』という指導をしていますね」と矢由先生。でも、全体を大まかに把握し、最適選択するという方法も教える必要があると太田先生は考えています。その理由を「今の情報が多い時代に対応できる力がつくから」と話しています。

トビには、数枚を揃える「ぽ集ボックス」、感想を伝える「あのりテンボックス」もあります。

毎小の記事をもとに庭の花を探してみた

家の遊びで見つけたスミレを取り上げ、「春さがしは楽しいのでいろいろな花を探してみよう」と書きました。

Ⅴ わずか2時間で完成！「わくわくずかんクイズ」他

TOSSメモ活用で生まれる新たな教育実践（その他編）

1 わずか2時間で完成！「わくわくずかんクイズ」

(1) わずか2時間で完成！

写真の「わくわくクイズずかん」は、「TOSSメモ」と「わくわくずかん」のコラボである。小学校3年生で実践したが、2時間もあればできる。

手順は次の通りである。

① わくわくずかんを見ながらクイズを考えさせる。
② 3人グループを作り、考えたクイズをTOSSメモに書かせる。
　〈条件1〉　1枚に1問を書かせる。
　〈条件2〉　絵を必ず入れる。
③ 持ってこさせ個別評定する。

ここまでが第1段階である。3人グループにすることで、1人が2問作れば良いことになる。個人の負担軽減、時間短縮になる。

そして、必ず必要なのが「個別評定」である。子どもたちの作った問題だけを見て、瞬時に「A」「B」「C」……と評定していく。

その基準は教師次第だが、「A評定なら採用決定」というように予め決めておくと良い。

ちなみに「A'（もう少しでA）」「B°（Bよりも良い）」という評価もする。こ

わずか2時間で完成！「わくわくずかんクイズ」他
TOSSメモ活用で生まれる新たな教育実践（その他編）

うすることで子どもたちは熱中する。
　グループでやる良さは、アドバイスし合えるということである。自分1人では合格できなくても、仲間の力を借りて合格していくようになる。

---
④　合格したTOSSメモを8つに折ったB4の用紙に貼っていく。
⑤　表紙と裏表紙を早く終わった子に描かせる。
⑥　その用紙を印刷する。
⑦　各自、色をつける。
⑧　真ん中に切り込みを入れ、本にして完成！

　この第2段階のポイントは、⑤の表紙と裏表紙を描かせるところである。問題作りにはどうしても時間差が生まれる。その時に、時間差を埋める手段として「表紙と裏表紙」を担当させるのである。
　では、この実践でTOSSメモに書かせる利点は何かまとめてみた。

---
①　罫線があるので書きやすい。
②　印刷すれば罫線は消える。
③　自由に貼り替えられる。
④　みんなで分担して書ける（時間短縮になる）。

　子どもたちの感想を紹介する。

■自分で本を作ると言われて、「えぇ！　できるかな？」と心配でした。
　でもK君とRちゃんの手もかりてできました。まず、メモに植物のクイズを書き、紙にはって、色ぬりです。
　さいしょはクイズが1問しかできてなかったので困りました。
　でもRちゃんとK君がたくさん書いていてくれたので、たすかりました。
　次に、紙にはりました。これはかんたんです。
　次に色ぬりです。これが時間がかかります。6まいあるので、とても大変でした。でもさい後にはAAもとれて良かったです。あと、同じグループの人と協力できたことも良かったです。

■私はT君とR君と作った。植物でクイズを作るのは初めてでとてもこまった。
　でも1個作るとアイディアがどんどんうかんできて、2個以上書きたくなっ

た。また今度もやりたい。

■ぼくたち3人だけで作ったオリジナルで、同じ絵なのに色をつけただけで人によって様々にものすごくちがうのでびっくりしました。
　こんな体けんは初めてでした。楽しかったです。

わずか2時間で完成！「わくわくずかんクイズ」他
TOSSメモ活用で生まれる新たな教育実践（その他編）

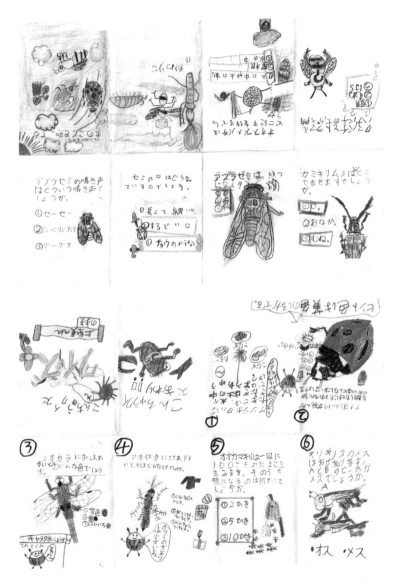

このようにB4用紙にTOSSメモを貼り付けて印刷する。写真のように上の段と下の段が向かい合うように貼り合わせるのがポイントだ。最後に真ん中の部分にはさみで切り込みを入れて折りたためばミニブックの完成である。

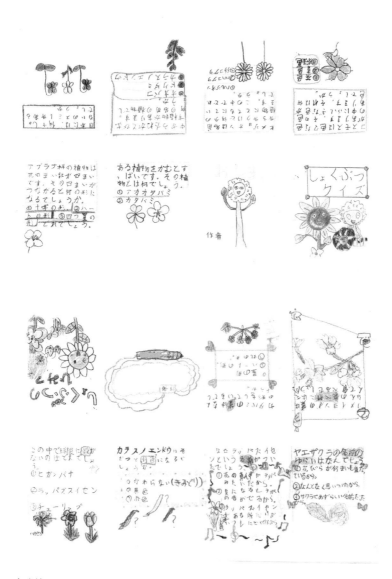

色を塗るのは印刷をした後にする。各自が好きな色でぬれるので、これもまた楽しい活動になる

(2) 他教科でも応用可能

　この方法はいろいろな教科で応用可能である。

　3年生の国語の発展学習として作った「はたらく犬」クイズブック（写真上）。

　6年生の修学旅行前に作ったトヨタクイズ（写真下）。

　あっという間に調べ学習のまとめができあがる。

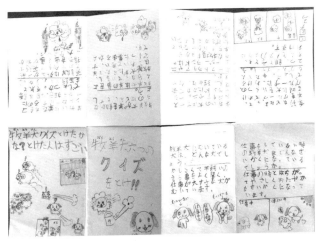

「もうどう犬の訓練」の学習の後に各自が調べ学習を行い作成した。この子は牧羊犬について6つのクイズをTOSSメモに書いた。最後に表紙と裏表紙を書いて「はたらく犬」クイズブックの完成である

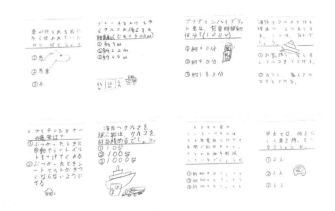

修学旅行でトヨタ工場を見学することになっていた。その事前学習として資料を見ながらクイズを次々に作らせた。クイズを書いたTOSSメモを貼り合わせて問題集の完成である

2 TOSSメモを活用した『わたしたちの道徳』の授業

(1)『私たちの道徳』×TOSSメモ

文科省から配布されている『私たちの道徳』を使った授業である。

この本の特徴は読み物資料だけでなく、『心のノート』のように書き込む場所があることである。つまり、子どもたちが書くという作業が随所に取り入れられているということである。

今回の授業で扱ったのは、3・4年生の「気持ちよくすごすためのきまりやマナーを見付けよう」というページである。写真が6枚あり、「気持ちよく、楽しくすごすためのきまりやマナー」を見付けて書き込むようになっている。このままやらせても良いのだが、ここでTOSSメモを使わせようと考えた。なぜか。

> TOSSメモを使うことで、自分の意見を「分類」する作業ができる。

意見を分類・整理していくことは知的生産の基礎である。分類・整理をしていくことで大きなカテゴリーができ、それが新たな視点にもなる。つまり、「書き込むだけ」の作業よりも、もう一段階深化させることができるのである。

さらにペアやグループでこの分類作業をすることでこんな良さもある。

> 自然と意見の交流ができる。

これも自分の意見を深化させていくのに役立つ。今回の授業では、グループで大きく2つに分けるという作業を行っていく予定である。

(2) 授業の流れ

子どもたちには『わたしたちの道徳』を開かせておく。

> 指示1　図書館の写真を見なさい。
> 発問1　みんなが気持ちよく、楽しくすごすためにどんなきまりやマナーがありますか。

隣と相談させた後、列指名で言わせた。どの意見もほめる。

> 指示2　今、言ったようなことをTOSSメモに書きなさい。

V

わずか2時間で完成！「わくわくずかんクイズ」他
TOSSメモ活用で生まれる新たな教育実践（その他編）

1つのことを1枚に書きます。2つなら2枚ですね。

次は「教室で手をあげている」写真である。

何をしているところか聞いた後、同じように列指名をする。さっきよりも短い時間で書かせる。ここまで来ればやり方は分かった状態である。

| 指示3　残り4枚の写真をグループで分担して書きなさい。 |

誰がどの写真を担当するか挙手で確認。自分たちで書かせた。

| 発問2　みんなの書いたルールやマナーを2つに分けるとしたら、どのように分けますか。
　　　　この紙に貼ってごらん。 |

B4の用紙を渡し、グループで活動させる。だいたい分けられたところでそれぞれに名前をつけさせる。
次に、どのように分けたのかペアごとに発表する練習をし、前で発表させる。
そして、次の文にまとめさせる。

| みんなが気持ちよくすごすためには、【　　　　　　　】が大切です。 |

かっこの中には複数の言葉が入っても良いことにする。
実際に教室で子どもたちが考えた言葉である。

・みんなが協力し、1人1人が気をつけること
・相手にやらせるんじゃなくて自分がやること
・人のことを考えていて、ルールを守ること

- 1人1人が皆のことを考え、力を合わせること
- みんな1人1人が協力すること
- マナーと相手のことを考えること
- きちんとルールを守ること
- 1人1人の協力や1人の一歩
- みんなルールを守ること
- 社会のマナーを守ること

この時間は、ルールやマナーという言葉以外の共通するキーワードを抜き出してみると、ルールやマナーとは何かがわかりやすくなる。教室ではこの2つにまとめた。
「協力（相手のことを考える）」「1人の一歩」

> 説明1　ルールやマナーを守るというのは、相手のことを考えたり協力したり、まずは自分からやってみるという一歩が大事なんだね。

最後に『私たちの道徳』の1ページ前をめくらせた。そこには阪神淡路大震災の時の写真がある。被災者の皆さんが校庭で並んでいる写真を上空から写したものである。

> 説明2　阪神淡路大震災という大きな災害にあったときも、日本の人たちは相手のことを考えて協力したり、自分にできる『一歩』を探したりしたから、こんな大きな災害も乗り越えていけたんでしょうね。

「みんなが書いてくれたことと一緒だよね。」と話して授業を終える。

(3) KJ法の限界

　この授業は、島根で開催された「谷和樹セミナーin島根」で披露した。
　講師の谷和樹氏からは次のコメントをもらった。

> KJ法には限界がある。

　今までKJ法で何ができるのかということを漠然と考えてきたが、「KJ法の限界」という視点で考えたことがなかった。限界を知っているということは、何ができるかを知っているということでもある。それも整理した状態で知っているということである。
　まだまだ自分がKJ法について全く学べていないのだということが自覚できた。限界も知った上で、子どもたちにどのような場面で、どのように学習させるのかということを考えていく必要性を感じた。谷氏からは限界を乗り越えるための方法も教えてもらった。

> 教師の発問

　子どもたちだけの力では見えない部分を見えるようにするための発問が必要なのだ。
　これまでTOSSメモの授業を考えるときに、「TOSSメモを使う利点は何か」と自分に問いかけてきた。今後、TOSSメモの授業を考えていくときには、もっともっと「教師の発問」も突き詰めて考えていかなければならない。
　それにしても谷氏のコメントは凄かった。1つ1つの物事について、どんなことが考えられるか、それぞれにどんな対応ができるのかといったような内容が整然と示されていた。それも概念を話されるのではなく、具体例をいくつも出されるのでわかりやすい。
　次のことを考える足場もできる。そして、その1つ1つのコメントがつながっていき、全体構造が頭の中でできあがっていくのが感じられて、聞いていて鳥肌がたった。
　もっともっと1つ1つのことを突き詰めて考えていかなければならない。
　そして考えていくための「知識」も持たなければならない。
　そう痛感したセミナーだった。

あとがき

　TOSSメモとの出会いが、私の教師人生を大きく変えた。TOSSメモは間違いなく自分の実践の「核」となる存在になった。
　私のTOSSメモ実践は、TOSS－SNSの中で生まれた。
　TOSS－SNSとは、TOSSのサークルメンバーによる会員制のSNSである。そこでは様々な実践や研究、最新情報がリアルタイムにやりとりされている。
　その大きな魅力は、TOSS代表・向山洋一氏からのコメントである。向山氏から直接コメントをもらえるチャンスなど滅多にない。チャンスがあるとしたら、セミナーで模擬授業に挑戦したり、論文審査に挑戦したりした時ぐらいだ。
　しかし、このチャンスを大きく広げたのがTOSS－SNSだった。

　私はSNSの中でTOSSメモに関する実践を書き続けた。気がつけば3年間で300回の実践記録を発信していた。
　その連載を続けるきっかけになった実践が、第Ⅱ章に書いた「TOSSメモ活用の特別支援」だった。

> 自分の力量を超えた子との格闘。

　今までなら上手くいっていた方法が全くと言ってよいほど通用しなかった。ケンカやトラブルが毎時間のように頻発した。それに効果的な対応ができずに過ごす日々が続いた。
　授業や学級経営もそれなりにできるようになってきた。そんなふうに思っていた自分の鼻をへし折られたような気分だった。
　自分にできることは何か。そう自問自答してたどり着いたのが「TOSSメモに記録をとる」ことだった。
　今までの自分の実践を否定したいという一心で、当時、登場したばかりのTOSSメモを使ってみることにした。まだ誰もまとまった実践を発表をしていない時だった。
　TOSSメモがどんなふうに使えるのかわからない。ましてやTOSSメモを使えば上手くいくなどという確固たる根拠も自信もなかった。
　しかし、ポケットにTOSSメモを入れ、トラブルが起きる度に取り出してはメモ

わずか2時間で完成！「わくわくずかんクイズ」他
TOSSメモ活用で生まれる新たな教育実践（その他編）

を書いた。書いて書いて書き続けた。
　それが唯一自分にできることであり、今までの自分を変えていく方法だった。
　そしてある日、書きためたTOSSメモを並べてみて、1つのことに気づいた。

> 失敗対応には共通点がある。

　今まで見えなかったトンネルの出口が、かすかに見えてきた瞬間だった。その共通点を意識するようになってからトラブルは確実に減っていった。
　私がやったことは次のようにまとめられる。

> TOSSメモに情報を蓄積し、その中から必要な情報だけを抽出して、新たな情報を見出す。

　この時の経験と方法が、後の様々なTOSSメモ実践の開発へとつながった。

　私のTOSSメモ実践は特別支援だけでなく、社会科や国語を中心にどんどんと広がっていった。それだけではない。TOSSの機関誌『教育トークライン』での連載執筆や講座の依頼、毎日小学生新聞での実践紹介など、自身の活動も次々と広がっていった。
　本書は、私の書いた300の実践記録の中から向山氏がコメントを残した70の実践記録だけを選び、さらに削って構成したものである。とはいえ、私の実践は未熟であり、まだまだ発展途上である。
　だが、教育界を大きく変革し、リードし続けてきた向山氏がコメントした実践であることもまた事実である。
　TOSSメモは「アクティブ・ラーニング」や「プログラミング教育」など、日本の最先端のテーマにも対応できるだけのポテンシャルを秘めたツールである。
　私の実践が、現在、そして未来の教育界のテーマを考えていく上で、多くの先生方のお役に立てば幸いである。

平成28年7月10日　太田　政男

企画・監修
向山洋一（むこうやま・よういち）

日本教育技術学会会長。TOSS代表。
東京都生まれ。東京学芸大学卒業後、東京都大田区立の小学校教師となり、2000年3月に退職。その後、全国の優れた教育技術を集め、教師の共有財産にするための「教育技術法則化運動」TOSS（Teacher's Organization of Skill Sharing：トス）を始める。現在、その代表を務め、日本の教育現場ならびに教育学界に多大な影響を与え続けている。執筆活動も活発で、『跳び箱は誰でも跳ばせられる』（明治図書出版）、『新版 授業の腕を上げる法則』（学芸みらい教育新書）をはじめ、著書は膨大な数にのぼる。

企画・監修
谷 和樹（たに・かずき）

玉川大学教職大学院教授。
北海道札幌市生まれ。神戸大学教育学部初等教育学科卒業。兵庫県の加東市立東条西小、滝野東小、滝野南小、米田小にて22年間勤務。その間、兵庫教育大学修士課程学校教育研究科にて教科領域教育を専攻し、修了。教育技術法則化運動に参加。TOSSの関西中央事務局を経て、現職。国語、社会科をはじめ各科目全般における生徒指導の手本として、教師の授業力育成に力を注いでいる。『子どもを社会科好きにする授業』『みるみる子どもが変化する「プロ教師が使いこなす指導技術」』（ともに学芸みらい社）など、著書多数。

著
太田政男（おおた・まさお）

1976年9月4日生。岡山大学教育学部卒。
現在、島根県邑南町立高原小学校勤務。
NPO法人島根教師力向上支援研究会理事。TOSS島根副代表。TOSS邑智代表。
共著に、『教師修業で「生き方」を学ぶ』『参観授業づくりの準備　チェックポイント』『学級開き・授業開きチェックシート』『勉強ができない子の指導法　中学年』（いずれも明治図書出版）等がある。

アクティブな授業をつくる
新しい知的生産技術

2016年8月1日　初版発行

企画・監修　向山洋一・谷 和樹
著　　　　　太田政男
発行者　　　青木誠一郎
発行所　　　株式会社 学芸みらい社
　　　　　　〒162-0833 東京都新宿区箪笥町31 箪笥町SKビル301
　　　　　　電話番号 03-5227-1266
　　　　　　http://www.gakugeimirai.jp/
　　　　　　e-mail: info@gakugeimirai.jp
印刷所・製本所　藤原印刷株式会社
装丁デザイン・DTP組版　星島正明

落丁・乱丁本は弊社宛てにお送りください。送料弊社負担でお取り替えいたします。
©Youichi Mukouyama, Kazuki Tani, Masao Ohta 2016 Printed in Japan
ISBN978-4-908637-24-7 C3037

学芸みらい社
GAKUGEI MIRAISHA
学芸を未来に伝える

授業の新法則化シリーズ（全リスト）

書　名		ISBNコード	本体価格	税込価格
「国語」	～基礎基本編～	978-4-905374-47-3 C3037	1,600 円	1,728 円
「国語」	～1年生編～	978-4-905374-48-0 C3037	1,600 円	1,728 円
「国語」	～2年生編～	978-4-905374-49-7 C3037	1,600 円	1,728 円
「国語」	～3年生編～	978-4-905374-50-3 C3037	1,600 円	1,728 円
「国語」	～4年生編～	978-4-905374-51-0 C3037	1,600 円	1,728 円
「国語」	～5年生編～	978-4-905374-52-7 C3037	1,600 円	1,728 円
「国語」	～6年生編～	978-4-905374-53-4 C3037	1,600 円	1,728 円
「算数」	～1年生編～	978-4-905374-54-1 C3037	1,600 円	1,728 円
「算数」	～2年生編～	978-4-905374-55-8 C3037	1,600 円	1,728 円
「算数」	～3年生編～	978-4-905374-56-5 C3037	1,600 円	1,728 円
「算数」	～4年生編～	978-4-905374-57-2 C3037	1,600 円	1,728 円
「算数」	～5年生編～	978-4-905374-58-9 C3037	1,600 円	1,728 円
「算数」	～6年生編～	978-4-905374-59-6 C3037	1,600 円	1,728 円
「理科」	～3・4年生編～	978-4-905374-64-0 C3037	2,200 円	2,376 円
「理科」	～5年生編～	978-4-905374-65-7 C3037	2,200 円	2,376 円
「理科」	～6年生編～	978-4-905374-66-4 C3037	2,200 円	2,376 円
「社会」	～3・4年生編～	978-4-905374-68-8 C3037	1,600 円	1,728 円
「社会」	～5年生編～	978-4-905374-69-5 C3037	1,600 円	1,728 円
「社会」	～6年生編～	978-4-905374-70-1 C3037	1,600 円	1,728 円
「図画美術」	～基礎基本編～	978-4-905374-60-2 C3037	2,200 円	2,376 円
「図画美術」	～題材編～	978-4-905374-61-9 C3037	2,200 円	2,376 円
「体育」	～基礎基本編～	978-4-905374-71-8 C3037	1,600 円	1,728 円
「体育」	～低学年編～	978-4-905374-72-5 C3037	1,600 円	1,728 円
「体育」	～中学年編～	978-4-905374-73-2 C3037	1,600 円	1,728 円
「体育」	～高学年編～	978-4-905374-74-9 C3037	1,600 円	1,728 円
「音楽」		978-4-905374-67-1 C3037	1,600 円	1,728 円
「道徳」		978-4-905374-62-6 C3037	1,600 円	1,728 円
「外国語活動」（英語）		978-4-905374-63-3 C3037	2,500 円	2,700 円

学芸みらい社の好評既刊

日本全国の書店や、アマゾン他のネット書店で注文・購入できます！

教師と生徒でつくる アクティブ学習技術

「TOSSメモ」の活用で社会科授業が変わる！

企画・監修 向山洋一・谷 和樹　著 赤阪 勝

「調べ学習」の最強ツール！
地図づくりや歴史学習に
絶大な効力を発揮。
TOSSメモを使った
情報の収集と整理が、
子どもたちの「ひらめき」を呼ぶ。

向山洋一氏 推薦!!

書き込み、貼り替え、自由自在！
アイデアが次々にわき、
子どもたちの活発な討論が進む。
アクティブ・ラーニングの切り札!!

A5判　ソフトカバー　120ページ　定価：本体1800円＋税
ISBN978-4-905374-99-2 C3037

■企画・監修
向山洋一（むこうやまよういち）
日本教育技術学会会長。TOSS代表。東京学芸大学卒業後、東京都大田区立の小学校教師となり、2000年3月に退職。全国の優れた教育技術を集め、教師の共有財産にするための「教育技術法則化運動」TOSSを始める。『新版 授業の腕を上げる法則』など著書多数。

谷 和樹（たに かずき）
玉川大学教職大学院教授。神戸大学教育学部卒業。兵庫県の加東市立東条西小、滝野東小などで22年間勤務。その間、兵庫教育大学修士課程学校教育研究科にて教科領域教育を専攻。教育技術法則化運動に参加。『みるみる子どもが変化する「プロ教師が使いこなす指導技術」』など著書多数。

■著者
赤阪 勝（あかさか まさる）
福岡県太宰府市立水城西小学校教諭。鹿児島大学教育学部小学校教員養成課程卒業。福岡県の宇美町立井野小、須恵町立須恵第一小などを経て、現職。10年前からTOSS向山型社会セミナーで実践発表などを重ねる。共著に『調べ学習高学年「仮説を立てて検証する」』など。

【目次より】
第1章　TOSSメモと空間認識能力の育成
第2章　TOSSメモと地図づくり
第3章　「立体的グラフ」と「マップ」を連係させたTOSSメモ活用法
第4章　TOSSメモと歴史学習
第5章　TOSSメモと調べ学習

☀ 学芸みらい社の好評既刊

日本全国の書店や、アマゾン他のネット書店で注文・購入できます！

**いま特別支援教育で教師と医療現場との連携が重要だ！
全国の学校教師・医師・保護者・行政、必読！ 必備！**

ドクターと教室をつなぐ 医教連携の効果 第①〜③巻

第1巻 978-4-905374-42-8 C3037
医師と教師が発達障害の子どもたちを変化させた
A5判並製　192ページ

第2巻 978-4-905374-86-2 C3037
医師と教師が発達障害の子どもたちを変化させた
A5判並製　216ページ

第3巻 978-4-908637-16-2 C3037
発達障害の子どもたちを支える医教連携の
「チーム学校」「症例別」実践指導
A5並製　232ページ

企画　向山洋一
日本教育技術学会会長・TOSS代表

監修　宮尾益知
発達障害に関する日本の第一人者のドクター

編集　谷 和樹
玉川大学教職大学院教授

各巻
定価：本体2000円＋税